# 网络媒介运营与推广

Wangluo Meijie Yunying yu Tuiguang

毛琬月　编著
李　崑　邝家瑞　肖必莉　参编



武汉理工大学出版社
Wuhan University of Technology Press

**图书在版编目（CIP）数据**

网络媒介运营与推广 / 毛琬月编著． — 武汉：武汉理工大学出版社，2022.10（2024.1重印）

ISBN 978-7-5629-6589-3

Ⅰ．①网… Ⅱ．①毛… Ⅲ．①网络营销 Ⅳ．① F713.365.2

中国版本图书馆 CIP 数据核字（2022）第 078452 号

责任编辑：杨　涛
责任校对：陈海军
装帧设计：艺欣纸语
排　　版：武汉正风天下文化发展有限公司
出版发行：武汉理工大学出版社
社　　址：武汉市洪山区珞狮路 122 号
邮　　编：430070
网　　址：http://www.wutp.com.cn
经　　销：各地新华书店
印　　刷：湖北金港彩印有限公司
开　　本：710 × 1000　1/16
印　　张：7.25
字　　数：180 千字
版　　次：2022 年 10 月第 1 版
印　　次：2024 年 1 月第 2 次印刷
定　　价：46.00 元

凡购本书，如有缺页、倒页、脱页等印装质量问题，请向出版社市场营销中心调换。
本社购书热线电话：027-87515778　87515848　87785758　87165708（传真）

# 前　言

随着互联网技术的发展，人们的生活和消费习惯也发生了改变。网络经济的新形态使得线上和线下的边界越来越模糊，网络媒介在现代社会中已成为人们获取信息、交流、沟通的重要工具，对社会政治、经济以及文化有着深远的影响。因此，网络媒介已成为人类信息传播的主要载体，构成了新型的人际交往模式以及关系网络。传统的媒体运营方式已无法满足互联网下各种媒介的运营，所以我们将转变传统的运营思维，从互联网不同类型的媒介中去探索与之相适宜的运营方式。

网络媒介也称新媒体或“第五媒体”，其运营与推广是指新媒体内容在网络媒介平台上进行新闻资讯传播、品牌推广、产品运营。运营人员通过市场调查和网络媒介平台收集的数据，建立运营的数据体系，确定网络媒介运营目标后，打造或选择适合的网络媒介平台，再根据网络媒介平台特征进行用户运营、内容运营、活动运营等。

网络媒介平台运营的根本是用户，故需要根据运营目标以某个主题或用户属性聚集用户。一是优化内容关键词，方便用户搜索，在内容中添加引流入口，比如放二维码、链接推广等，有效组织用户；二是选择与运营目标相符合的平台，如论坛、贴吧、社区等，发起话题和参与讨论来组织用户；三是搭建QQ群、微信群、钉钉群等社交群来组织用户；四是合作，互惠互利，在平台上与其他流量主合作，通过互相转载内容、设置友情链接等方式组织用户。

再根据用户属性，给用户打上标签，为后续运营做准备。细分用户的维度有：①用户属性：性别、年龄、地域、文化水平、收入水平、职业等；②内容属性：用户与潜在用户、付费与免费用户、活跃与潜水用户等；③用户行为：注册、点赞、评论、转发、付费、进群等。运营人员需要定时在各个网络媒介平台推送有价值的信息或活动，对用户进行引导转化。在平台外以邀请为主，更能引入高质量的用户。针对平台中的用户，利用运营手段来保持用户活跃，这就是用户存留。运营手段通常有信息定期发送、每日签到、活动发起、VIP制度等。

网络媒介运营的意义是满足用户的需求，只有满足用户需求的内容，才能吸引用户。吸引用户是用户运营的第一步，是运营的基础，但只吸引用户是不能满足用户运营的，留住用户才是关键。根据留住的用户进行数据分析，发现用户所需，才能推送有价值的内容和组织相关的活动，使用户活跃，才能保障平台运营效果，实现运营目标。

编者

2022年1月

# 目　录


第一章　网络媒介运营目标　/001

第一节　网络媒介运营目标的分类　/002

第二节　现有资源的整理与描述　/004

第三节　网络媒介目标的调查问卷制作　/006

第四节　网络媒介目标数据整理与分析　/010

第五节　网络媒介运营中的用户画像　/018

第二章　网络媒介平台矩阵搭建　/019

第一节　网络媒介平台分析　/020

第二节　网络媒介平台运营原则　/021

第三节　网络媒介平台矩阵分类　/023

第三章　APP运营　/025

第一节　获取用户　/026

第二节　活跃用户　/028

第三节　留存用户　/029

第四节　转化用户　/031

第四章　微信平台运营　/032

第一节　微信运营的特征　/032

第二节　公众号运营　/033

第三节　订阅号运营　/036

第四节　服务号运营　/040

第五节　视频号运营 /044

第六节　企业微信运营 /048

**第五章　网络媒介平台的内容及运营** /052

第一节　网络媒介平台内容 /052

第二节　微博平台运营 /072

第三节　视频博客运营 /075

第四节　直播平台运营 /078

第五节　短视频平台运营 /082

第六节　问答平台运营 /085

**第六章　网络公关** /088

第一节　舆情监控 /088

第二节　网络公关正面形象的树立与危机公关 /091

**附录1** /094

**附录2** /102

**参考文献** /109

# 第一章　网络媒介运营目标

首先介绍几个概念。

网络媒介是运用电子计算机网络及多媒体技术传播信息的媒介技术，是集人际传播、大众传播、群体传播、组织传播为一体的基于网络的媒介传播形式。微信、微博、网站、APP等都称为网络媒介。

网络媒介运营是以网络媒介为载体，满足用户需求与喜好，达到组织、企业、个人运营目的的信息传播。互联网时代，用户所喜好的便是网络媒介运营需要做的。在运营的过程中，以用户体验为前提，采用多媒体技术制作用户所需的内容，按用户的上网习惯，在不同网络媒介平台上分时段推送信息，达到信息传播的目的，达到运营效果。

网络媒介的特征为资源共享、方便、快捷、交互。

网络媒介的出现改变了以往传统媒介单向传播的特征，淡化了信息发布的时效，而增加了人际传播的双向性。在这种传播结构中，任何组织、企业、个人都可以产生、发布、评论信息，打破了传统社会关系的构成形式，构建了网络媒介传播的方便快捷性、全球性、交互性等功能。互联网时代的媒介传播方式是双向的，在媒介平台上，用户既是信息的接收者，也是信息的传播者。用户使用移动设备随时随地接收与传播信息，所以说，在网络媒介上是没有地域、时间之分的。

网络媒介运营目标是什么？

在互联网环境下，当有人打算把手中的内容传播出去时，可能大多数人的第一想法就是依附互联网的力量传播。众所周知，网络传播可以使传播的内容及时、快速、广泛地抵达用户手中，这一过程即网络媒介运营，这一结果即网络媒介运营目标。网络媒介运营目标，就是量化传播内容各项指标，比如：

1. 看见内容的人多（这里的“多”需要统计具体的数字，比如500人、1000人、10000人……）。

2. 人们对内容的反应（点赞、评论、转发等行为形成准确的数据，这里还需要分类统计赞同和反对意见）。

内容——被分享到互联网上可以被查看、读取的信息的统称，包括新闻、信息、资料、音频或者视频内容。

3. 人的变现行为（统计人们购买内容的件数或金额等数据）。

变现——互联网中用户购买内容的行为。

……

所以，我们在进行网络媒介运营前，必须要确定运营目标，量化运营目标，当我们确定了运营目标后，一切运营活动都是围绕目标进行的。运营活动的效果也是由是否达到运营目标来检验的。

## 第一节　网络媒介运营目标的分类

根据组织、企业、个人的性质确定运营目标，运营目标是在对自身的定位下产生的，关系着一切运营策略的开展，包括内容的制作与推广，以及网络媒介平台的选择等。确定运营目标需充分地对市场进行调查，对目标用户进行数据收集与分析。

网络媒介运营目标大致可以划分为：品牌目标、利润目标、线上热度目标、综合目标（表1-1）。

表1–1　网络媒介运营目标的分类

| 运营目标 | 子目标 | 描述 |
| --- | --- | --- |
| 品牌目标 | ■增加用户对品牌的了解，树立品牌形象<br>■吸引用户<br>■提高排名<br>■建立用户对品牌的忠诚度 | 品牌的功能性或属性<br>不同于同类品牌的属性，自身的个性化属性<br>品牌在同类品牌中的排名<br>用户对品牌的忠诚度 |
| | | 用户对品牌的某种感觉<br>用户通过选择符合自身情感需求的品牌达到情感上的满足 |
| | | 品牌的自身定位或价值的表达<br>品牌表达的是一种观念、态度，通过品牌，传达的是能引起用户情感共鸣的理念 |
| 利润目标 | ■以销售为目标<br>■开发、拓宽市场<br>■争取更多的客户<br>■提升利润 | 根据自身和竞争对手的销售数据，制定一个时间范围的销售目标或者地域性的销售目标 |
| 线上热度目标 | ■在网络媒介平台上为用户提供各种服务<br>■提高搜索热度<br>■增加用户注册或关注 | 通过网络媒介向用户提供优质服务。收集用户数据，以用户需求打造服务内容 |
| 综合目标 | ■综合品牌、销售、服务目标 | 综合品牌、销售、服务目标，分主次或同时达到所有目标 |

以上为运营目标大致的分类。但是，不要为了分类而把自身限制在某个类别里面，运营目标可以根据具体情况进行调整，比如根据组织、企业、个人的资源条件

和时间等，定下总目标和若干子目标。还可以做成层层递进的运营目标，比如：从销售目标到品牌目标等。除此之外，也可以根据时间周期的长短划分不同的成长型目标。

所以，网络媒介运营的第一步就是确定运营目标，这个目标必须量化，比如品牌类的“吸引用户”，要给出一个具体的范围或数字。“吸引”也要给出一个具象化的标准，比如注册或者关注等。所以，运营目标越具体越好，既能达到验收效果，又能为下一个目标的制定提供依据。

# 第二节　现有资源的整理与描述

整理已有的资源，包括已有的社交平台和平台中的用户、网络媒介账号以及账号中的用户、资金、人力物力等资源（表1-2）。

表1-2　现有资源整理参考表

| 网络媒介 | 描述 |
| --- | --- |
| 社交软件类 | ■用户数量：________人<br>■性别：男________%　女________%<br>■年龄：12~14岁________%　15~18岁________%　19~22岁________%……（自定义）<br>■地域：________省________%……（自定义）<br>■文化程度：高中________%　大专________%　本科________%<br>硕士________%　博士________%……（自定义）<br>■收入：1000元以下________%　1000~3000元________%　3000~5000元________%<br>5000~10000元________%……（自定义）<br>…… |

续表1-2

| 网络媒介 | 描述 |
|---|---|
| 购物类 | ■购买人数：______人<br>■购买一次：______%<br>■购买两次以及两次以上：______%<br>■收藏人数：______人<br>■引流：______人<br>…… |
| 新闻类、娱乐类、金融类、生活类、工具类、直播类…… | ■信息热搜：______平台<br>■关注人数：______平台______人……<br>■转发量最高：______平台<br>■点赞量最高：______平台<br>■正面评价最多：______平台<br>■负面评价最多：______平台<br>…… |
| 资金 | ______元 |
| 人力 | ■人数：______人<br>■技术：______<br>■工作时间：______<br>…… |
| 竞品 | ■竞品名称：______<br>■竞品特色：______<br>■竞品推送平台：______<br>■竞品运营策略：______<br>■竞品媒体属性：□图文 □视频 □音频 ……<br>风格______ 色彩______……<br>■竞品用户属性：______人 男______% 女______% 年龄______<br>地域______ 收入______ 文化程度______…… |
| 其他 | …… |

完成资源整理表，可以让你对现有资源有一个全面的认识，在此基础之上思考你调研的目的是什么（网络媒介运营目标），并结合资源整理表梳理你调研的对象、渠道、方式等问题。

## 第三节　网络媒介目标的调查问卷制作

确定调查目标，拟定需要的信息，才能得到有价值的信息。

思考：你想通过这次调查活动获得哪些信息？

例如：

1. 网络媒介运营目标

2. 用户（a. 用户的共性是什么？b. 用户的喜好是什么？c. 用户集中在哪个网络媒介上？d. 用户的上网时段）

3. 传播渠道

4. 运营方式

5. 竞品

……

### 1. 确定调查目标

调查所获得的信息在运营工作的每一个环节中都起到决定性作用，这就是调查的重要性。根据自身所需确定调查目标后，就可以围绕调查目标设计和展开调查问卷中的问题了。

例如：在一本书的调查工作中，调查目标是“《网络媒介运营工作手册》一书中最有效的阅读形式是什么？”在这个调查目标里，假设某种阅读形式能够让用户更容易地掌握《网络媒介运营工作手册》，那这种阅读形式将是这本书写作方式的依据；如果这种阅读形式不能达到易掌握的效果，那么问题出在哪里？这就是我们需要向用户调查的东西，如果用户提出了更好的阅读形式，那我们是否接受继续投入成本改进？

所以，调查目标是根据为了达到运营目标所需要了解的信息而确定的（表1-3）。

表1-3 调查目标参考表

| 调查目标 | 描述 |
|---|---|
| 常规调查目标 | 1.目标用户是谁，他们的共性是什么？（用户调查目标） |
| | 2.目标用户的上网习惯和上网时段，他们喜欢使用哪一种网络媒介？（网络媒介调查目标） |
| | 3.目标用户的兴趣喜好。（内容调查目标） |
| | 4.潜在用户是谁，他们的共性是什么？（潜在用户调查目标） |
| | 5.同类内容中排行最高的是哪些？（竞品调查目标） |
| | …… |
| 工作流程调查目标 | 根据工作流程确定调查目标。梳理工作流程，在工作的每一个环节中思考该环节工作进行中需要哪些信息 |
| …… | …… |

## 2. 设计调查问卷

（1）调查目标必须明确，调查题型最好是封闭式的

调查问卷一般分为两个部分，第一部分是共性的问题。比如：性别、年龄、学历、收入等基础问题。

第二部分是为了获取所需信息围绕调查目标而设计的问题。根据调查目标，拆分成若干问题，依据具体情况，在问题上可以继续拆分。

调查问卷中的问题是围绕调查目标进行设置的，当然也可以根据自身实际情况进行设计。问题设置的原则是要获取网络媒介运营过程中的所需信息。所以，调查目标也可以根据网络媒介运营工作流程的各个环节拟定。

（2）调查问卷中的题型设置

开放式题型固然能收获很多奇思妙想，但是在调查目标明确的情况下，封闭或者偏封闭式题型更能得到我们想要的信息。封闭式题型就是在每个问题后面给出若干答案，用户只能在这些答案中选择，这种题型更利于信息的收集。比如，继续上一个问题，"《网络媒介运营工作手册》学习最容易的形式是什么？"这个问题就不适合做调研题型，而"《网络媒介运营工作手册》A、B、C三种学习形式中，用户最喜欢哪一种"就属于封闭式题型，在调查中更能获得有用信息。

（3）案例

例1：你喜欢什么颜色？（　　）…………必填

A.红　　　　B.黄　　　　C.蓝

这一个问题就是封闭式问题。颜色有很多，但是在这个问题里，只给出三种颜色选项，而且是必选题。所有用户只能在这三种颜色里做选择。原因是这道题的本意不是调查用户喜欢什么颜色，而是调查用户在红、黄、蓝这三种颜色里最喜欢哪一种颜色。

例2：你是否喜欢红色？（　　）…………必填

A.是　　　　B.否　　　　C.其他

这一个问题也是封闭式问题。在这个问题中，如果选择答案C就可以理解为用户对红色感觉一般、不反感。

### 3. 目标用户现场或线上访谈

访谈时，将你的调查目标和你想要得到的信息融入问题中，营造舒适的访谈环境。可以提前设计好访谈提纲和调研问题，把问题融入聊天中，理智、客观地与目标用户沟通，得到自己所需的信息。

调查问卷发放的渠道一般分为线上和线下。在这里，我们重点讲解调查问卷在线上平台的发放。

线上平台分为两类：一是自己打造一个新网络媒介即创建网站或app等推送调查报告；二是选择适合自己调查目标的成熟平台。

线上网络媒介平台的选择非常重要，主流的网络媒介平台，如微信、微博、抖音等，聚集了众多用户，这个时候就需要根据自己的调查目标选择合适的平台。然后根据网络媒介平台的性质选择调查问卷的形式是图文类还是H5类或其他形式。

为了更好地吸引用户进行调查问卷的填写，可以根据资金预算，适当地加入一些奖励回报。

公开数据都可以在互联网上搜索到，例如：

互联网趋势分析：百度指数　google趋势　微信指数　头条指数　360趋势　微指数

全球互联网数据：世界互联网统计数据　互联网人口数据　全球互联网使用统计　全球流量数据统计

网站排名查询工具：alexa网站排名查询　中国网站排名　中文网站排行榜

实时数据工具：实时移动互联网数据　facebook每秒实时数据　youtube每秒实时数据

统计机构：中国统计局　日本统计门户　美国统计署

问卷调查工具：腾讯问卷　谷歌表单　麦客CRM　问卷网

抖音等短视频数据平台：小葫芦大数据　飞瓜数据　直播洞察　淘榜单　新榜

教育数据：国家统计局教育数据　上海教育数据　教育统计数据库　中国教育统计网

……

## 第四节　网络媒介目标数据整理与分析

在互联网环境下，麦肯锡全球研究所对大数据的定义是：一种规模大到在获取、存储、管理、分析方面大大超出了传统数据库软件工具能力范围的数据集合。网络媒介运营中的数据可以理解为对数据的收集分析，运用有效的数据指导媒介运营，促使运营增长。所以，网络媒介运营就有了依据，不再依赖主观判断，而是基于数据进行决策性的判断，决定运营的具体方法，决定运营内容的创意与制作以及运营的效果评估等。

网络媒介运营中的数据整理与分析是指互联网环境下网络媒介平台中的用户分析、竞品分析等。通过数据整理与分析，获取目标用户、用户喜好、用户行为等的可视化数据图像。

在进行此项工作前，首先要根据运营目标确定分析目标是什么，也就是为什么要做数据分析，以及通过数据分析想取得什么效果、能不能达到运营目标等。所以分析目标决定分析哪些数据。

### 1. 确定分析目标

（1）常用分析目标

流量目标：多渠道分析用户是从哪个网络媒介平台引流的。多方面分析该网络媒介平台的引入量以及用户属性等，为网络媒介平台的搭建提供依据。

用户目标：以引入的用户为目标，并以共性去细化用户群体，有针对性地深入分析该群体的用户特性，为用户运营策略的制定提供依据。

内容目标：以推送的每个内容为目标，利用网络媒介平台的后台数据分析用户对该内容的各项指标，为内容运营策略的制定提供依据。

（2）通过用户行为确定分析目标

用户行为指的是将自己代入用户角色，客观地在网络媒介平台上从头到尾操作一遍，在操作过程中获取分析目标。

常用操作流程：浏览页面（下载APP）→登录（注册）→搜索/分类浏览→浏览内容→点赞/收藏/评论/转发→下单→付款→完成交易。

以上每个环节中的每个用户行为都可以作为分析目标，例如，什么样的关键词方便用户搜索内容？或者哪一个环节中数据较低，就可以将这一个环节作为重点分析目标。

（3）通过分解运营目标确定分析目标

将运营目标按主次划分或按流程拆解，根据分解的运营目标所涉及的内容来确定分析目标。

以“利润目标”为例，利润目标可以拆分为销售目标、净利润目标、技术研发目标、客户服务目标、人力资源管理目标、成本管理目标、费用管理目标等作为分析目标使用。

（4）通过调查目标确定分析目标

将“调查目标”分解成若干个小目标进行数据分析。例如：调查目标为“运营目标”，根据具体需求将此目标分解为用户增加多少人、完播多少次、转载多少次、利润多少等。将以上内容作为分析目标，分析其数据得到相对应的信息。

## 2. 数据整理与分析

根据分析目标，对收集的数据进行整理。在这里，我们以网络媒介平台上的用户数据整理为例，因为任何运营行为最终都是用户运营，所以用户数据的整理是所有运营的基础。用户数据整理其实就是给用户打上标签，根据用户的社会属性、生活习惯、网络媒介平台行为等信息进行数据整理（表1-4）。

表1-4 用户数据整理与分析

| 用户类别 | 数据指标 | 分析要点 |
|---|---|---|
| 用户的基本属性 | 性别、年龄、学历、行业、地域分布、省份、城市…… | 基础数据分析 |
| 新增用户情况 | 注册/关注时间、注册/关注渠道、初次停留时间/跳出率[①]…… | 按照昨日新增、近七天新增、近三十天新增等分析周期内新增用户的使用情况进行分析 |
| 活跃用户情况 | 注册/关注时间、注册/关注渠道、登录/访问次数、登录/访问频率、停留时长、跳出率、冷/热门内容…… | 按照昨日活跃、近七天活跃、近三十天活跃等分析周期内活跃用户的使用情况进行分析 |
| 流失用户情况 | 最后登录时间、最后活跃时间、停留时间、冷/热门内容…… | 以七天未登录、一个月未登录、三个月未登录、半年未登录为周期分析，可以有针对性地运营 |
| 新增用户行为 | 登录时间段 | 分析内容推送时间等 |
| | 注册/关注渠道 | 分析网络平台推广策略及引流、转化等 |
| | 冷/热门内容 | 分析内容策略等 |
| | …… | …… |

① 访问了入口页面就离开的访问量与所产生总访问量的百分比。跳出率计算公式：跳出率=访问一个页面后离开网站的次数/总访问次数。

续表1-4

| 用户类别 | 数据指标 | 分析要点 |
|---|---|---|
| 活跃用户行为 | 活跃时间段 | 分析内容推送时间等 |
| | 登录次数 | 分析用户黏度 |
| | 冷/热门内容 | 分析内容黏度、策略、运营策略等 |
| | …… | …… |
| 流失用户行为 | 用户基础属性 | 分析地域、年龄、行业…… |
| | 冷/热门内容 | 分析内容策略等，有针对性地运营 |
| | 活跃时间段 | 针对流失用户运营策略的时间段设计 |
| …… | …… | …… |

### 3. 数据可视化

数据可视化即数据视觉化。将体量庞大、复杂而且抽象的数据利用图表、图像等视觉元素表现出来，以一种直观的方式让人更好地理解数据。这种将数据视觉化的手段能更有效地表达数据，准确且高效地传达信息，发掘其中的规律与特征。

数据化工具很多，在这里我们简单介绍一些常用工具。

（1）Excel（适用于少量数据）

以WPS-Excel软件举例：打开WPS-Excel软件，在菜单栏里单击“插入”按键，在属性栏中可以找到各种图表制作工具（图1-1）。在WPS-Excel软件里，可以使用“数据透视表”“数据透视图”“表格”“图片”“形状”“图标”“思维导图”等制作可视化图表。

在属性栏里，也可以选择“流程图”“更多”“全部图表”，利用WPS-Excel自

图1-1 WPS-Excel软件工具栏

带图表模板制作图表（图1-2至图1-6）。

（2）线上图表工具

有的时候，我们常常看见一些大屏幕上会出现动态的数据图表。这种动态可视化数据可以借助动效软件完成，比如FLASH、After Effects等，也可以利用线上数

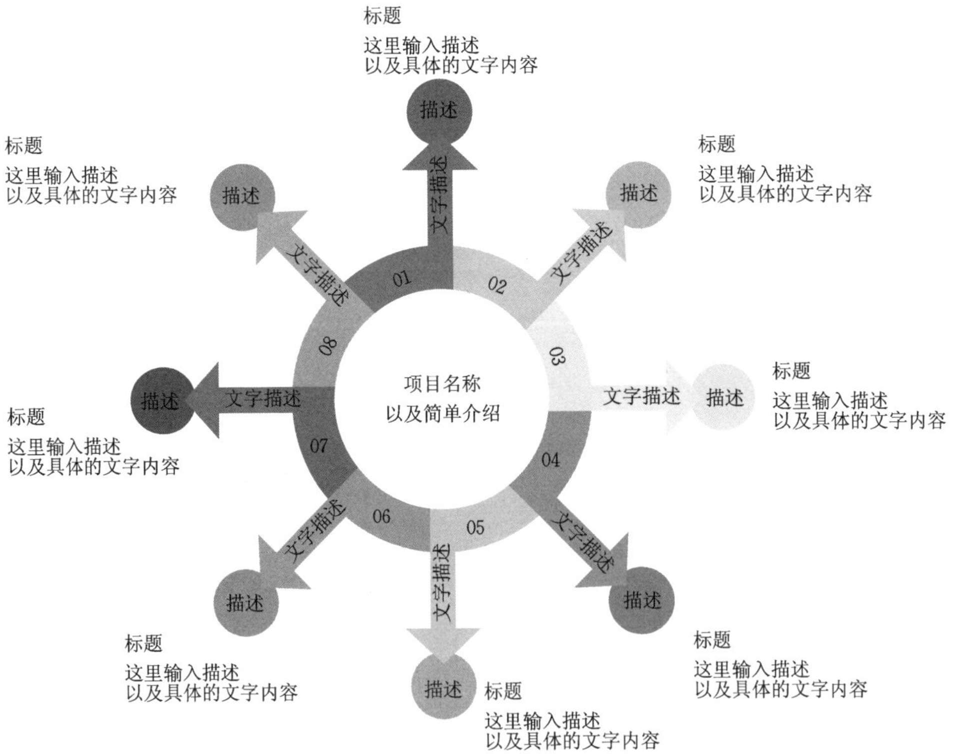


图1-2 放射状流程图

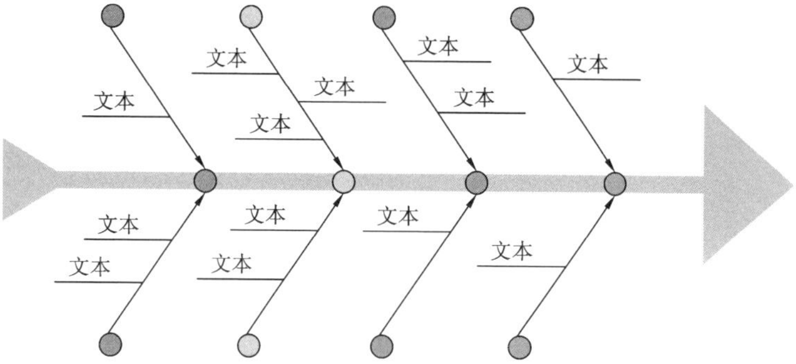


图1-3　鱼骨图

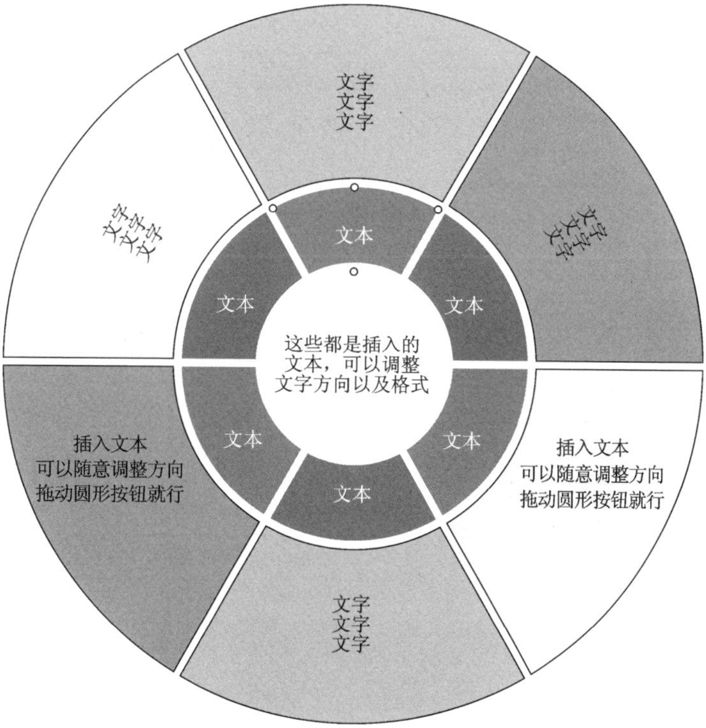


图1-4　扇形图

| 运营项目流程图 | | | |
|---|---|---|---|
| 序号 | 流程 | 说明 | 步骤用时 |
| 1 | 政策研究<br>项目确定 | 要点：公司月度政策<br>主R：组长 | 月初3天内 |
| 2 | 制定目标<br>宏观策略 | 要点：目标拆分优先级<br>主R：项目执行人 | 3天 |
| 3 | 策略验证<br>无效<br>有效 | 要点：保证目标明确<br>主R：项目执行人 | 一周 |
| 4 | 项目落地执行 | 要点：形成详细的执行步骤，保证数据准确性<br>主R：项目执行人 | 一周 |
| 5 | 项目产出 | 产出要求：<br>1. 宏观分析；2. 个案分析；3. 项目报告<br>报告要求：<br>1. 项目目标；2. 宏观分析；3. 个案分析<br>4. 优化偏移<br>主R：项目执行人 | 3天 |
| 6 | 结果处理 | 面向城市输出：1. 处理标准制定；2. 城市处理沟通；3. 通报下发<br>面向调查组输出：1. 项目报告；2. 个案分析<br>主R：项目执行人 | 3天 |
| 7 | 产品优化 | 要点：1. 确定产品优化策略；2. 对接相关PM<br>3. 进行需求排期<br>主R：项目执行人 | 完成即可 |

图1-5　运营流程图

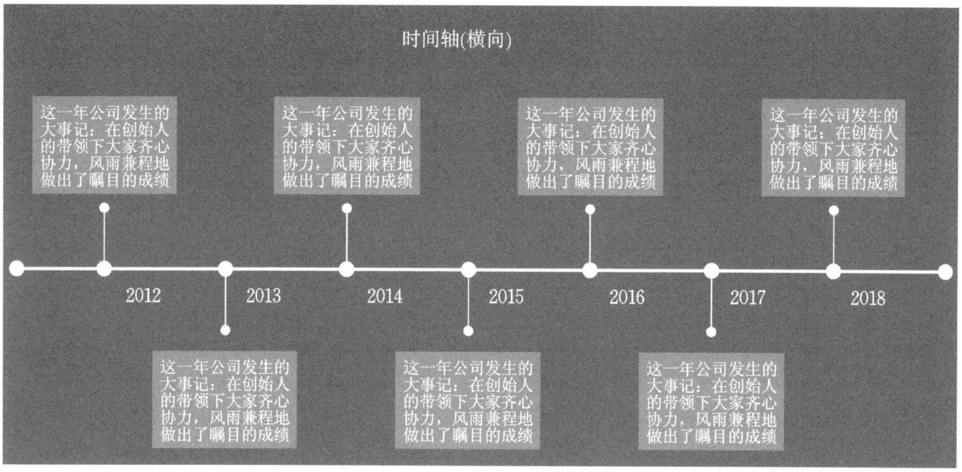


图1-6　时间轴

据可视化在线软件制作。相比之下，自己使用软件制作更能灵活地演示数据，线上制作是根据数据的性质选择模板，既可以选择静态数据图表模板，也可以选择动态数据图表模板对数据进行可视化操作，这种方式非常方便快捷。

网上的在线图表工具很多，大家可以按照自己的喜好选择，在这里推荐一两个线上图表工具。

推荐1：Data V（阿里云出品的线上图表工具。Data V数据可视化是使用可视化应用的方式来分析并展示庞杂数据的产品）。

推荐2：Fine BI（简单易用的可视化工具，零代码可视化。可视化图表丰富，使用简单。具有数据整合、可视化数据处理、探索性分析、数据挖掘、可视化分析报告等功能）。

推荐3：Python（一门高效的脚本语言，主要用于系统任务处理、机器学习和web开发等，但是它也具有一部分数据可视化功能）。

# 第五节 网络媒介运营中的用户画像

用户画像：用户角色，使用数据构建用户属性、用户诉求等的虚拟代表。在网络媒介平台中以用户标签来体现用户属性、行为以及对该用户的期待，而用户的标签是根据用户数据分析与提炼得到的。

所以，用户画像是网络媒介平台运营最关键的环节，也是用户运营的基础。网络媒介平台运营的对象是用户，运营活动中几乎所有的运营环节都是根据用户展开的。用户画像的前提是确定用户分析目标，确定用户分析目标的前提是确定运营目标，接着就是调查环节和数据整理与分析环节。

用户分析目标不是固定的，不同的主体、不同行业、不同的运营目标或是不同时段运营都决定不同的分析目标。不同的分析目标也决定不同的用户画像以及不同的标签。常规的用户分析目标分为：

用户的社会属性：性别、年龄、地域、收入、文化程度等；

用户的生活习惯：娱乐、学习、旅游、运动、游戏等；

用户的消费行为：购物习惯、消费频率、单次消费金额、消费时间等。

当然，用户分析目标还可以细分，兴趣爱好、行为偏好、心理属性等都可以成为达到运营目标的用户分析目标。

用户画像的工作步骤分为：

数据收集：用户数据收集来源一是网上公开数据查询；二是网络媒介平台账号的后台数据；三是调查问卷或访谈。

数据分析：根据收集的数据细分用户，分析同一层次的用户的共性并找到其所需或所好。

设置标签：根据数据分析提炼为标签。有些网络媒介平台的后台可以设置标签体系，为用户勾选上标签属性就可以使员工明了其用户的标签，了解用户处于运营的哪一个阶段。

# 第二章　网络媒介平台矩阵搭建

网络媒介平台选择的形式：

1.独立打造一个APP；

2.选择一个或两个以上用户量大的、符合自身定位的APP；

3.其他网络媒介选择，如网站、微网、搜索引擎、电子邮件等。

不管是独立打造还是选择已有的网络媒介平台，想要营造一个良好的运营环境，精品内容是关键。平台想要留住用户，用户所需的内容、有价值的内容、有设计感的版式、合理的交互等，都是它必须具备的要素。

平台运营的基础是用户量。用户量的多少决定运营目标是否能够完成，运营效果是否达到。所以，用户是平台运营的资源。

网络媒介平台的选择也是非常重要的，在众多的网络媒介平台中，我们不可能一一注册或经营，这个时候就需要根据自己的运营目标选择合适的平台，通过内容的推送，把平台用户引流或转化。所以，平台的选择就是根据运营目标选择目标用户所在的网络媒介平台。

在互联网环境下，网络平台众多。不同平台拥有的用户属性不同，不同平台有不同的规则和功能，平台的规则、功能也随着用户需求不断地改善和增加。所以，在选择网络媒介平台前，我们需要了解网络平台的功能、运作方式以及平台上的用户属性。

# 第一节 网络媒介平台分析

在选择任何网络媒介平台前，我们都可以按照“网络媒介平台分析参考表”(表2-1)对所选择的网络媒介平台做一个分析，评估该网络媒介平台是否能通过运营活动达到运营目标。

表2-1 网络媒介平台分析参考表

| 分析要素 | 分析指标 |
| --- | --- |
| 平台名称 | …… |
| 平台定位 | 在网上公开数据或该平台公开数据中查询平台用户数据、平台内容数据、平台规则等<br>…… |
| 平台用户数据 | 1.在网上公开数据或该平台公开数据中查询<br>2.在该平台上推送内容后，在账号中查询用户数据<br>…… |
| 平台注册 | 1.平台注册条件<br>2.普通用户、企业用户、认证用户、VIP用户等各享有的权限<br>…… |
| 平台功能 | 1.信息发布：内容要求（文章标题和正文的字数要求；图片大小和像素要求；音视频时长和格式；每天推送数量等）<br>2.栏目管理：后台栏目功能以及自定义栏目等<br>3.平台后台数据状况<br>4.互动交流功能<br>5.友情链接<br>…… |

续表2-1

| 分析要素 | 分析指标 |
| --- | --- |
| 平台推送机制 | 各个网络媒介平台的推送机制不同，而且推荐机制会不断地更新。网络媒介平台的推送机制属于平台核心内容，有些平台完全保密，有些平台只公开一部分。但是在网络媒介平台上内容的推送还是有一些共性的原则，参考如下：<br>1.内容原创性<br>2.审核制度<br>3.用户数据（完播率、点赞、评论、转发……）<br>4.关键词<br>…… |
| 平台广告盈利方式 | 每个网络媒介平台的收益方式以及平台的广告资源等 |
| 平台竞品分析 | 持续一段时间在该平台的热榜中分析排名高的内容（内容主题与形式、内容制作技术、内容推送方式、用户交互情况等）<br>…… |
| …… | …… |

# 第二节　网络媒介平台运营原则

网络媒介平台运营原则——账号垂直度：在互联网环境下，网络媒介平台账号垂直度指的是账号定位或者是专注于某一行业、领域。

对于网络媒介平台账号来说，垂直就是根据网络媒介运营目标为自己定位，并形成自己的标签。定位是为了打造品牌，让推送的内容与众不同，增加内容的核心竞争力。对用户来讲，即鲜明地树立品牌形象。网络媒介平台账号的垂直也是为了聚焦某一领域，通过聚焦使账号影响力增强，更能精准吸引用户，提升账号的价值。

网络媒介平台账号的定位也是为自身打上标签。标签用于用户搜索和网络媒介平台根据账号标签将内容精准推送至用户。网络媒介平台对账号的管理和分发内容的依据是标签。网络媒介平台在分发内容时是依据每个账号、每个用户在平台里的标签进行匹配的。

因此，网络媒介平台账号垂直度是非常关键的，通过垂直才能增加用户黏性，不断提高用户体验。网络媒介平台账号垂直促使其定位，做好定位才能为后续的内容制作、运营提供方向和依据，用户才能在平台上实现更多的价值交换，网络媒介平台取得用户的价值交换才能达到网络媒介运营目标。因此，需要对网络媒介平台账号垂直度制定策略（表2-2）。

表2-2　网络媒介平台账号垂直度制定策略（参考）

| 分类 | 策略 | |
|---|---|---|
| 网络媒介平台账号定位 | 1.参考网络媒介平台分析参考表（表2-1）<br>2.一个网络媒介平台账号对应一个细分领域，并在该领域找到自身与竞品的差异<br>3.根据用户标签对用户进行细分，并根据用户喜好与需求确定内容定位、价值转化方式以及运营方式<br>4.遵守网络媒介平台规则获得平台更多流量<br>…… | |
| 内容 | 原创性 | 各个网络媒介平台都鼓励内容原创，遵循原创性获得平台更多流量，也可以提升网络媒介平台账号价值 |
| | 持续性 | 持续更新与维护账号，保持账号的活跃性 |
| | 价值性 | 满足用户所需的内容、质量高的内容、正能量的内容，以及具备视觉价值的内容 |
| | 差异性 | 对竞品进行分析，从内容主题、制作方式、内容形式、交互方式、互动方式等方面寻求差异性，从而进行超越 |

# 第三节　网络媒介平台矩阵分类

矩阵：一个数学概念，指一个长方形阵列排列的复数和实数集合。

网络媒介平台矩阵（新媒体矩阵）：根据运营目标搭建由多个网络媒介平台构成的系统的媒体布局，也就是多平台同步运营系统。搭建网络媒介平台矩阵的目的是为了多渠道达到目标用户完成运营目标。

在网络媒介运营中，网络媒介平台矩阵分为两类：内部矩阵和外部矩阵。

内部矩阵（纵向矩阵）：在一个网络媒介平台账号内搭建适合运营目标的矩阵(图2-1)。

外部矩阵（横向矩阵）：根据运营目标选择多个网络媒介平台进行运营(图2-2)。

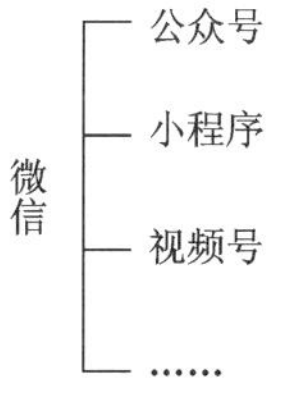


图2-1　内部矩阵(纵向矩阵)

图2-2　外部矩阵(横向矩阵)

网络媒介运营的关键是用户运营，网络媒介平台矩阵的搭建(表2-3)是为了通过多渠道的网络媒介平台运营来获得更多用户。网络媒介平台外部矩阵和内部矩阵的搭建既可以组合又可以独立存在，这是根据网络媒介运营目标确定的，也是网络媒介平台的选择依据。

表2-3 网络媒介平台矩阵搭建参考表

| 矩阵 | 搭建依据 | 描述 |
| --- | --- | --- |
| 外部矩阵（横向矩阵） | 根据定位、业务领域选择网络媒介平台 | 参考APP、网站分类榜单查询该领域的网络媒介平台 |
| | 根据网络媒介平台的综合排名选择网络媒介平台 | 1.同类排名<br>2.用户量<br>3.用户活跃度<br>4.目标用户量<br>5.网络媒介平台的内容规则<br>6.网络媒介平台的运作方式<br>…… |
| | 根据内容推送后的后台数据分析选择网络媒介平台 | 1.在网络媒介平台上推送内容或进行运营尝试，找到适合自己的网络媒介平台<br>2.在网络媒介平台上推送内容后，分析后台数据，找到适合自己的网络媒介平台 |
| | …… | …… |
| 内部矩阵（纵向矩阵） | 根据业务模块搭建内部矩阵 | 业务流程<br>业务模块<br>…… |
| | 根据用户所需搭建内部矩阵 | 1.用户需求<br>2.用户体验<br>…… |

# 第三章　APP运营

APP是“Application”的缩写，即应用程序，指智能手机或平板电脑等移动设备通过网络下载或是购买安装的应用程序，这些移动设备可以由装载APP进而发展出许多功能与附加值服务。目前，APP主要的两大作业系统平台分别为IOS平台与Android平台，所以任何一款APP必须适用于IOS平台与Android平台。

APP运营是围绕用户展开的，APP运营的核心是用户。所以，APP运营是以用户体验为原则，从用户运营的获取、活跃、留存、转化这四个方面完成运营目标。

在APP运营工作开始前，还应做好充分的准备工作(表3-1)，用以保障APP正常运

表3-1　APP运营前期准备工作（参考）

<table>
<tr><th>任务</th><th colspan="2">描述</th></tr>
<tr><td>运营目标</td><td colspan="2">根据APP不同阶段的运营目标确定APP定位，并以此为依据制定APP运营策略</td></tr>
<tr><td rowspan="2">运营测试</td><td colspan="2">测试APP各项功能是否正常运作</td></tr>
<tr><td colspan="2">选取部分目标用户，收集目标用户使用后的反馈意见，有针对性地进行修改和完善</td></tr>
<tr><td rowspan="16">APP现有用户数据分析</td><td rowspan="3">获取用户</td><td>获取用户的渠道，分为线上和线下渠道</td></tr>
<tr><td>获取用户的内容分析</td></tr>
<tr><td>……</td></tr>
<tr><td rowspan="4">活跃用户</td><td>分析用户活跃时段</td></tr>
<tr><td>分析用户活跃事件、内容等</td></tr>
<tr><td>用户行为分析</td></tr>
<tr><td>……</td></tr>
<tr><td rowspan="5">留存用户</td><td>分析用户的反馈意见</td></tr>
<tr><td>分析APP等级制度</td></tr>
<tr><td>分析用户社群关系</td></tr>
<tr><td>分析用户流失</td></tr>
<tr><td>……</td></tr>
<tr><td rowspan="4">转化用户</td><td>分析用户交易过程</td></tr>
<tr><td>分析用户购买次数</td></tr>
<tr><td>分析用户评价</td></tr>
<tr><td>……</td></tr>
<tr><td>……</td><td colspan="2">……</td></tr>
</table>

行和用户在操作或使用过程中拥有满意的体验。例如，用户在使用APP的时候会看见“内测版”之类的弹窗或按键，其目的是为了引导用户使用该版本，在用户使用过程中，通过收集用户数据、反馈意见等进行分析，然后有针对性地修改、优化和完善APP，以此提高用户体验。这一项工作不仅适用于APP运营的前期准备工作，还适用于APP运营的各个阶段。比较常见的是APP运营过程中后台数据异常的情况，或者APP迭代的情况等。

## 第一节　获取用户

APP运营中的获取用户其实就是APP推广。APP推广分为线下推广与线上推广，但是不管是线上还是线下推广，一定要找准目标用户在哪里。找准目标用户的方法分两步，第一步：分析竞品运营的网络媒介平台或线下推广的渠道，在此基础之上优化自己的APP推广策略与渠道；第二步：测试不同的网络媒介平台，扩大范围，多渠道推广，并收集每个网络媒介平台账号的后台数据，找准核心渠道(表3-2)。获取用户数据的指标可以参考表3-3。

表3-2 获取用户（APP推广）参考表

| 分类 | 方法 | | |
|---|---|---|---|
| 线上 | APP上线 | IOS应用商店、Android应用商店…… | |
| | | 第三方应用下载平台 | |
| | | 线上下载网站 | |
| | | 移动、联通、电信运营商商店 | |
| | | 各品牌手机、移动设备中预装商店 | |
| | | …… | |
| | APP平台推广 | 在各个社交APP上进行社群推广（QQ群、微信群等） | |
| | | 社交APP合作推广 | |
| | | 与网络媒介平台上拥有大量用户的账号合作推广（用户符合APP运营的目标用户） | |
| | | 在论坛、贴吧等渠道上以发帖或回答问题等形式进行内容推广 | |
| | | 根据运营目标定期进行内容产出，并保持网络媒介平台上的内容更新 | |
| | | …… | |
| | 广告推广 | 展示位广告 | APP开屏广告（打开APP时会有几秒广告时间） |
| | | | APP顶端或中间等位置放置广告 |
| | | | 软文推广 |
| | | | …… |
| | | 活动推广 | 通过激励机制促使APP用户拉进新用户 |
| | | | 通过奖励机制进行APP推广 |
| | | | …… |
| 线下 | 纸媒推广，例如DM单、海报…… | | |
| | 分众传媒，例如电梯广告、公共汽车广告…… | | |
| | 通过举行活动或交流会等方式推广 | | |
| | …… | | |

表3-3　获取用户数据指标参考表

| 分类 | 指标 |
| --- | --- |
| 渠道转化率 | 用户是从哪一个网络媒介平台获取的 |
| 新增用户 | 每日、近三天或一周等新增用户量 |
| 获取成本 | 计算获取一个用户所需的成本 |
| | 计算具体一个网络媒介平台获取一个用户所需的成本 |
| …… | …… |

# 第二节　活跃用户

衡量活跃用户的指标是活跃率，活跃率指的是总用户中的活跃用户是多少，即活跃用户/总用户。这个比值结合时间周期可用来判断APP整个用户的活跃度，通过分析用户活跃度（表3-4）来制作或调整APP运营方案从而促进用户活跃度增加。活跃用户数据指标可以按照日活跃用户、周活跃用户、月活跃用户等来分析，活跃度越高代表用户留存的指标越高。

表3-4　活跃用户参考表

| 分类 | 数据要素 |
| --- | --- |
| 精准运营 | 用户精准运营的依据是用户数据，根据用户数据划分不同的用户类型，进行个性化运营。比如，给不同类型的用户推送不同的内容 |
| 用户行为分析 | 以用户身份注册或登录APP，在操作过程中去发现问题、解决问题。比如，APP注册过程烦琐，这就是容易流失用户的问题点。所以，APP的所有操作必须以简单易懂为标准 |
| | 利用后台数据分析用户登录、退出APP的时间点和停留时长，分析用户感兴趣的内容以及反馈意见等 |

续表3-4

| 分类 | 数据要素 | |
|---|---|---|
| 账号等级系统划分 | 充值用户 | 用户通过充值获取福利或特权 |
| | 成长用户 | 根据用户使用APP的时间、逗留时长、活跃程度等标准划分用户等级，使其获得奖励或特权 |
| | 积分制度 | 制定一套制度使用户获得积分，比如签到、打卡、完成交易等获得对应积分，使用积分换取福利或特权 |
| 内容运营 | 内容推送 | 保持持续内容更新 |
| | 发起活动 | 定期或节假日推出活动活跃用户 |
| | 发起话题 | 发起话题，让用户参与话题讨论 |
| | 发起任务 | 发起挑战任务，让用户参与进来 |
| 社群运营 | 引流 | 将用户引流到社交平台中，比如QQ、微信等，利用群主的身份维持用户关系 |
| | APP账号 | 利用拥有一定数量的APP账号维持用户关系 |

# 第三节 留存用户

对于APP来讲，留存用户的指标（表3-5）代表了留下来的用户量。APP刚开始获得用户的数量是比较多的，随着时间的推移会有用户流失。分析这个时间过程中的留存用户数据，是为了找到用户流失的原因，也是为了召回用户策略的制定（表3-6）。

表3-5　留存用户指标

<table>
<tr><th>时段</th><th>指标</th><th>备注</th></tr>
<tr><td>次日留存率</td><td>当天新增用户在第二天使用APP的情况</td><td rowspan="5">根据不同的时间周期收集用户使用APP的行为，为用户运营、用户召回等制定或调整策略</td></tr>
<tr><td>3日留存率</td><td>第一天新增用户在第三天使用APP的情况</td></tr>
<tr><td>7日留存率</td><td>第一天新增用户在第七天使用APP的情况</td></tr>
<tr><td>月留存率</td><td>第一天新增用户在第一月使用APP的情况</td></tr>
<tr><td>……</td><td>……</td></tr>
</table>

表3-6　留存用户参考表

<table>
<tr><th>存留用户方式</th><th colspan="2">描述</th></tr>
<tr><td rowspan="3">精准运营</td><td colspan="2">依据用户数据分析流失用户群体的共性，以便针对不同用户群体制定不同的召回策略</td></tr>
<tr><td rowspan="2">流失用户等级划分</td><td>根据流失时间划分。比如三天没有登录或是七天没有登录</td></tr>
<tr><td>根据付费来划分。比如APP或APP某项功能免费试用7天，用户使用完免费时间后就流失</td></tr>
<tr><td rowspan="2">用户反馈</td><td colspan="2">收集用户体验，分析并解决问题</td></tr>
<tr><td colspan="2">收集用户意见，分析并解决问题</td></tr>
<tr><td rowspan="6">用户召回</td><td colspan="2">将获得用户的网络媒介平台作为渠道召回用户</td></tr>
<tr><td colspan="2">短信</td></tr>
<tr><td colspan="2">邮件</td></tr>
<tr><td colspan="2">内容推送</td></tr>
<tr><td colspan="2">设置奖励机制召回用户</td></tr>
<tr><td colspan="2">……</td></tr>
</table>

# 第四节 转化用户

转化用户是APP生存的关键，也是APP运营的核心问题。转化用户是指用户在APP上可以产生收益的行为。转化用户的指标可以参考表3-7。产生收益的行为很多，典型的是电商APP，拥有一套完整的交易流程。资源型APP主打会员制，通过付费获取资源或拥有特权；内容型APP通过软植入引导用户点击购买链接或引流进社交软件进行交易等，这些拥有一定数量的活跃用户的APP也可以通过流量来进行广告收费。所以说，APP用户转化的形式多种多样，但是前提是有大量的、活跃的用户。

表3-7 转化用户指标参考表

| 分类 | 指标依据 |
| --- | --- |
| 付费用户 | 付费用户在全部用户中的比例 |
| 用户交易金额 | 统计用户在不同时间周期内交易的总金额 |
| 复购率 | 统计用户在不同时间周期内交易的次数 |

# 第四章 微信平台运营

微信作为社交类型的应用程序在人群中使用越来越频繁。微信平台拥有众多用户，所以就产生了一种独特的网络运营方式。微信支持发送语音短信、视频、图片和文字，还可以组建群聊，组织、企业、个人可以通过公众号推广营销自己的内容或产品，微信的支付功能使人们可以直接在该网络媒介平台上完成交易活动。所以，微信具备点对点的精确性、便捷性、时效性以及灵活性等运营优点。

## 第一节 微信运营的特征

1.精准化营销——通过数据的收集分析能够精准获取用户，实现信息的精确推送，让它能到达每个用户。

微信公众号后台有一个“数据分析”的应用，这个应用可以分析用户的属性、用户增长和取消以及单篇文章的阅读、分享、转发等情况。通过分析这些数据，可以精确地为用户画像，以用户所需为前提，调整运营策略和内容制作等。

个人微信号加的好友都是精准潜在用户或是已经达成过交易的用户。已加好友的用户，只要有权限，都可以直接查阅该用户的信息以及朋友圈，通过这些资料为用户打上标签并以群分类，可以群聊的形式与用户加强互动，实现更精准化的微信运营。

2.低成本营销——微信的注册使用都是免费的。

微信的安装与使用适合大部分智能手机，并且只消耗少量流量。微信的注册和使用免费且方便，而且微信小程序使每个微信号都足以媲美一个简洁的APP，开发APP所需的人力物力是比较昂贵的成本。而微信除了免费以外，本身已拥有众多用户，在推广途径上也能节约很多资源。从用户的角度考虑，无须另外下载APP，可以直接关注使用，省略了很多中间环节，给用户提供了便利。

3.形式多元化——微信作为网络媒介载体可以实现文字、图片、视频、语音等内容的推广。

微信中的内容可以自由编辑，文字、图片、视频、语音等元素可以使用第三方软件进行编辑、排版。将制作好的内容发布推送后，用户可以通过点赞、收藏、分享、转发、参与等形式进行互动。

# 第二节　公众号运营

微信公众号包括服务号、订阅号、企业微信、小程序等账号。对于网络媒介平台来讲，这些账号以及账号功能不是一成不变的，随着互联网环境的改变以及用户的需求不断增长，每个网络媒介平台都会进行改进和完善，否则将被淘汰。

在微信公众号内部的各种账号有着不同的功能，它们既可作为内部矩阵搭建又可单独运营。不过，微信公众号运营的前提仍然是运营目标，根据运营目标选择运营的网络媒介平台和网络媒介平台账号。

在微信公众号运营前，参考网络媒介平台分析表(表4-1)，深入了解该平台的定位、用户属性、功能、规则、盈利方式、竞品等多维度的数据，再结合运营目标选择合适的账号以及运营方式。

微信公众号里的账号怎么组合运营？怎么才能在微信这个网络媒介平台里构建有效的内部矩阵？

第一种思路：网络媒介运营步骤：获取用户—活跃用户—留存用户—转化用户。

微信公众号里的账号功能都可以在微信公众号官网上查询，了解这些账号的功能后，依据运营目标制定运营步骤，根据运营步骤的每个环节确定适合其功能的账号，这些账号就构成了微信这个网络媒介平台的内部矩阵。

表4–1 网络媒介平台分析表

<table>
<tr><th>公众号分类</th><th>规则</th><th>分析要素</th></tr>
<tr><td>订阅号</td><td>内容推送、信息传播。每天有一次推送机会，推送的内容会折叠在消息列表里，与其他订阅号一起折叠在订阅号的文件夹里</td><td rowspan="2">■重点工作在制作内容上，通过定期推送内容吸引用户的行为是“活跃用户”“留存用户”<br>■用户对内容的转发行为，使订阅号触及用户范围扩大的行为是“获取用户”<br>■用户因为推送的内容关注订阅号、视频号的行为是“获取用户”<br>■用户因为推送的内容加企业微信的行为是“获取用户”<br>■用户因为推送的内容点击跳转到服务号里并关注的行为是“获取用户”；用户在服务号里完成交易的行为是“转化用户”<br>■用户因为推送的内容点击跳转到小程序完成交易的行为是“转化用户”<br>……</td></tr>
<tr><td>视频号</td><td>视频内容推送，次数不限。视频号中的视频可以插入订阅号，形成图文+视频的布局</td></tr>
<tr><td>服务号</td><td>每月有四次推送机会，推送内容不会折叠，直接展示在微信聊天列表里，还有消息角标和声音提醒。认证后可以获取用户昵称、性别、收货地址等信息</td><td>■服务号每月四次推送的行为是“活跃用户”“留存用户”<br>■用户转发服务号推送的内容或分享服务号使服务号触及用户范围扩大的行为，新用户因所需关注服务号的行为是“获取用户”，新用户在服务号里完成交易的行为是“转化用户”<br>■用户因为服务号跳转到小程序完成交易的行为是“转化用户”<br>■用户因为服务号加企业微信的行为是“获取用户”</td></tr>
</table>

续表4-1

| 公众号分类 | 规则 | 分析要素 |
|---|---|---|
| 企业微信 | 企业内部、企业与外部之间的联系 | ■用户加企业微信的行为是“获取用户”<br>■用户将企业微信推送给新用户的行为是“获取用户”<br>■通过企业微信将内容推送到朋友圈的行为是“活跃用户”“留存用户”<br>■通过企业微信与用户一对一沟通的行为是“活跃用户”“留存用户”“转化用户”<br>■通过企业微信将用户拉入建微信群聊的行为是“活跃用户”“留存用户”“转化用户”<br>…… |
| 小程序 | 无须安装下载可直接在微信上运营，类似APP的功能 | ■小程序推送通知的行为是“活跃用户”“转化用户”<br>■通过与订阅号、服务号、视频号、企业微信关联跳转到小程序完成交易的行为是“转化用户”<br>…… |

第二种思路：根据“需求”选择微信账号。

依据运营目标，拟定自己的“需求”是什么，结合微信公众号的功能根据“需求”来选择。如果需求是“内容传播”，则根据内容类型选择。图文选择订阅号，视频选择视频号，图文+视频选择订阅号与视频号组合；如果需求是业务服务和用户管理，可以选择服务号。如果服务号上的功能不能满足需求，可以考虑搭配小程序使用。

## 第三节 订阅号运营

### 1. 订阅号认证

依照微信公众号官网的要求对订阅号进行认证，认证后的订阅号持有微信认证特有的标识，点击账号主体可查看认证详情，使账号更专业，更值得用户信任。认证后的订阅号名称一旦确定，就不会被侵权。认证后的订阅号可以开通多客服和外网链接功能，功能比非认证订阅号多。

### 2. 订阅号名称

订阅号的名称是依据运营主体的定位而确定的。名称一旦确定就不要轻易更改，因为名称的更改会使用户流失，用户面对更改后的名称会产生一定的困惑，会犹豫是否继续关注。所以要尽可能地去规避影响用户流失的因素，阻止一切让用户不愉快的体验发生。如果由于运营主体重大变更需更改名称，应提前声明，告知用户，让用户清楚只是更改名称而不是更换主体，尽可能地留住用户。

订阅号名称需要注意以下几点：

（1）订阅号的名称应跟运营主体的名称一致。

（2）运营主体名称不适合用于订阅号名称的情况下，可以在运营主体名称上进行细微的修改，比如加入具备网感的用语、符号等，既可使其名称与运营主体名称相关联，又具备独立的网络人格。

（3）订阅号的名称与运营主体的定位相关。让用户从名称上就能判断这个订阅号的大致内容是什么。

（4）通俗易懂。订阅号获取用户的其中一个途径是用户在公众号中搜索名称，如果名称过于复杂或者文字生僻，让用户难以记住导致搜索困难，这个名称就为订阅号获取用户制造了阻碍。

（5）具备自己的特色。网络媒介平台账号的运营遵循“垂直度”原则，名称应具备其领域特色。

### 3. 订阅号头像

订阅号的头像与订阅号的名称是微信订阅号消息列表中同时存在的，所以订阅号的头像与名称在风格、色彩上应尽量保持一致。

订阅号头像需要注意以下几点：

（1）使用运营主体标志作为订阅号头像。

（2）订阅号头像与运营主体的领域因素相关。比如用运营主体的个人照片、环境、销售商品等作为头像。

（3）订阅号头像尺寸较小时，头像必须要有辨识度。比如图像内容太复杂，在头像尺寸中就显示得模糊不清。所以头像尽量保持简洁，在有限的尺寸范围里拥有较高的辨识度。

（4）订阅号头像尺寸较小时，控制好头像色相。即色相不宜过多，色彩搭配上符合订阅号定位即可。

### 4. 订阅号自动回复设置

设置用户关注订阅号后的回复，可以是文字或文字+图片等。网络媒介平台账号运营中最典型的是对用户进行精准运营，通过精心的自动回复设置，让用户觉得该账号与他（她）产生一对一的联系，提升用户体验。

回复内容中常见的有欢迎类、自我介绍类、设置关键词获得相对应内容类。

### 5. 订阅号菜单栏设置

根据运营主体的需求在电脑版微信订阅号中设置订阅号底部的菜单栏和对应的菜单栏选项的功能。

菜单栏常用的有往日内容、账号介绍、联系方式。

### 6. 内容排版

（1）封面：每一次内容推送的封面。

① 封面与内容相符合；

② 封面图像最好原创，使用网上图像要注意版权问题。

（2）版式：形成自己统一的版式，既方便后续内容排版又能形成自己的风格，而且能增加订阅号的辨识度。内容排版是为了提升用户的阅读体验，合适的字号、段落让阅读变得顺畅。美观的排版让用户心情愉悦，可增加订阅号的视觉价值。

① 字号大小、字体、颜色；

② 段落版式：行间距、横排或竖排等；

③ 特有的图标、动图、表情符号。

（3）结束：内容结束后，末尾可以加入一些引导用户关注的语言或者结束语，比如“谢谢阅读”“请关注”等，有的订阅号在内容结束后会加入自己的宣传文字、标志、图片或加入企业微信号、个人微信号、群聊的二维码等。所以，结束语是什么样的形式和内容都可以，其目的是为了达到运营目标。

### 7. 订阅号运营

网络媒介平台运营的核心是用户运营，增加订阅号的关注人数是订阅号运营的首要目标。关注的人数多，订阅号的内容和信息传播范围才大，影响力才能增强，运营目标才能达到。

（1）用户裂变：指的是通过已有用户传播。第一种方法是内容本身的价值高，值得关注用户转发或分享；第二种方法是通过奖励机制，促进关注用户转发或分享。

（2）通过第三方网络媒介平台引流用户：将内容推送到第三方网络媒介平台，通过高质量的内容或奖励机制将第三方平台上的用户引流到订阅号。

（3）及时回复用户：与用户进行一对一交流并回答问题从而提升用户体验感。

（4）用户参与：通过发起活动、问题让用户参与进来，活跃用户。比如有些订阅号让用户参与选题，让订阅号的内容成为用户所需要的内容，这种方式能保持订阅号活跃度与发展性。

## 8. 后台数据分析

登录公众号平台，点击首页的“数据”栏，里面有内容分析、用户分析、菜单分析、消息分析、接口分析、网页分析。这些后台数据从推送内容、用户画像、流量渠道等方面总结已推送的内容并指导下一次内容的制作与推送。

（1）内容分析

点击进入内容分析都有相对应的图表让后台数据可视化。在这里，主要分析推送的内容阅读（次）、分享（次）、完播（次）与渠道的构成。根据这些数据维度进一步分析推送内容的标题、正文、视频等的问题在哪里，总结并指导下一次的内容策划。渠道的构成是指用户是从什么地方点击进入的，根据进入的不同渠道的比例，拟定运营策略。

（2）用户分析

用户分析也是用户画像，通过用户属性、用户增长、常读用户分析三个维度来进行分析。用户属性中有性别、年龄、地域等，这些数据是制定运营策略的一部分依据。用户增长可以在“全部来源”的下拉菜单中直观地看见用户是通过什么渠道关注公众号的。通过来源的分析，可以在其运营中按照来源比例进行推广宣传。

（3）菜单分析

菜单栏里的点击量是可以在后台看见的，菜单栏及其子菜单是按需进行调整、更换和优化的，那么菜单栏的点击量是其重要的参考来源。

（4）消息分析

“消息”是与用户互动的环节，比如关注订阅号的欢迎词、回复关键字的内容都属于“消息”的范畴，根据后台消息的数据，调整回复的内容是非常关键的，根据不同阶段的运营目标设置相应的回复以及不同阶段的运营有相应的关键词回复。

（5）接口分析

当订阅号对接了第三个平台，调用次数中可以看见失败率、最大消耗时和平均耗时，当出现失败率比较高的情况时，肯定是哪个地方出了问题，需要进行优化。最大耗时比较高的话，内容加载会很慢，将影响用户体验。

（6）网页分析

网页分析分为页面访问量和JSSDK调用统计。页面访问量可以看见每天的访问量以及后台接口名称。JSSDK调用统计延展了每个接口调用的人数和访问次数。对于调用量高的接口，可以通过对内容的优化提升用户体验。

## 第四节　服务号运营

服务号在微信官网中的描述是：给企业和组织提供更强大的业务服务与用户管理能力，帮助企业快速实现目标的全新的公众号服务平台。所以，在现有的服务号主体中，大多数主体都是企业。从服务号的描述和主体这两方面来判断，服务号的运营一是宣传品牌；二是用户通过服务号跳转到小程序或微网完成交易。

### 1.服务号界面设计

服务号界面设计以用户体验为前提，用户使用起来方便且能够满足用户所需的才是最好的设计。可以使用服务号后台提供的“页面模板”功能，设计服务号首页（图4-1）。

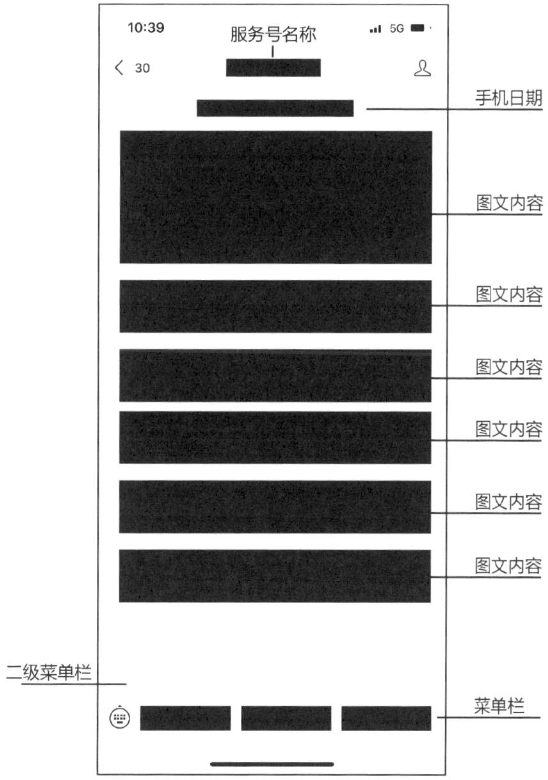


图4-1　服务号首页

从图4-1可见，服务号的首页一般由图文内容与底部菜单栏构成，点击底部菜单栏便跳转到下一级页面或链接小程序、微网、外部网页、第三方APP等。这两部分的功能看似简单，却承担了大部分运营工作。

（1）图文内容

① 品牌宣传功能。向用户提供品牌内容、价值输出或业内信息，直击用户的需求点。如果每月4次的推文数量不够，还可以搭配订阅号推送。

② 发起活动。比如新品预热、新品上市、优惠活动、产品购买等，还可以配合线下门店，实行线上购买、抢购，线下配送、领取。这一类型的活动能很好地促进用户活跃和留存，更有些“拼团”“帮忙抢红包”之类的活动还能促使用户邀请新用户，实现“吸引用户”。

③ 跳转功能。通过吸引用户点击图文内容，直接跳转到小程序、微网、第三方APP等，促使用户完成交易。

（2）菜单栏

① 依据业务模块确定菜单栏。菜单栏分类明晰，首页菜单栏与二级菜单栏逻辑清晰易懂，使用户能够轻松自助选择。

② 依据网络媒介平台传播的双向性，建议设置其中一项菜单栏为“联系我们”这一类型的具备互动性的菜单接口。

③ 将业务特色设置到首页菜单栏。比如“闪购”“特惠”“下载专区”或者是业务模块中最具特色的能够促使用户点击的名称。

④ 菜单栏的设置并不是一成不变的，可以根据主体运营战略的推进，在不同阶段设置不同的菜单栏名称。比如，节日、周年或者特殊时间阶段等都可以对菜单栏进行调整。

## 2. 消息

服务号运营除了每月4次的内容推送外，能触及用户的最好手段就是“消息”。利用好“消息”可以不限次数与用户联系，这也是服务号运营的一个重点。

（1）服务号群发消息，又分为客服消息和模板消息。由后台编辑好消息内容，群发用户。比如服务号在进行一些活动的时候，需要向用户阶段性地发送提醒消息、通知消息等这一类型的消息，例如报名成功、拼团成功、中奖等。服务号群发消息并不占用服务号每月4次的推文提醒消息，但是群发消息也不宜太多，不要过多地打扰用户。服务号群发消息还可以精准运营，根据用户属性，有针对性地分类群发，以达到精确运营、高效互动的效果。

（2）关注后回复。用户关注服务号后，自动在聊天栏里回复一段文字或者图片。例如“欢迎您的加入”这一类型的欢迎语，或是直接把服务号介绍给用户等。

（3）关键词回复。后台设置关键词对应的内容，用户输入关键词使得内容推送至用户。

（4）收到消息后回复。用户输入的是关键词以外的文字，也能触发回复。

（5）支付成功触发回复。用户完成交易后收到推送的信息。

服务号的运营手段大多是靠各种活动来刺激用户参与，进而引导用户消费。在用户参与的活动中设置门槛，比如分享给朋友才能参加活动，以此吸引新用户。这个过程让每次活动既能获取用户又能转化用户。

服务号的运营也是精准运营，每次活动留存下的用户具有一定的忠诚度。既可以使这一批用户再次转化，也可以通过这批用户的分享来吸引新用户。

# 第五节 视频号运营

视频号属于视频内容输出，视频号的运营可以与订阅号组合为“图文+视频”使用，也可以单独运营。视频号的运营与短视频网络媒介平台运营的最大差异在于视频号是搭建在社交网络媒介平台——微信上的短视频，众所周知，微信上聚集了大量的用户，视频号完全可以借助此优势进行运营，这也是视频号运营的特色之一。

视频号的入口（图4-2）在微信“发现”里面，位于“朋友圈”之下。点击进

图4-2 视频号入口

入“视频号”，可以看见视频号上方有“关注”“朋友♡”“推荐”三个选项（图4-3），系统会根据你的选择推送关注账号的视频、朋友点赞的视频、推荐浏览兴趣的视频等。但是这种推荐方式也不是一成不变的，任何网络媒介平台都会根据技术的更新、用户的需求等因素做出相应的调整和完善。

图4-3 视频号

视频号的右下角从左到右分别是分享、点赞、评论这三个功能。

视频号的优势在于分享给微信好友后能直接打开。假设这样一个环境，当你想分享你喜欢的视频给朋友时，必须通过社交类网络媒介平台，也就是要在第三方网络媒介平台上转发。别人在打开你转发的视频时，也许可以直接观看，也有可能会要求打开你所分享视频的原网络媒介平台，如果你的朋友没有下载这个视频所在的网络媒介平台，会有两种情况发生，一种是直接关闭，一种是下载该网络媒介平台。不管选择哪一种情况，其实对用户来说都是一个障碍。而视频号可以在微信这个社交网络媒介平台里顺畅地分享与转发，这就是视频号的优势。

视频号的入口众多，除了上面介绍的从微信首页点击“发现”进入视频号以外，还可以从微信的公众号、朋友圈、微信群等进入。比如，你把视频号的一个视频内容转发到朋友圈，你的朋友给你点赞，那么该朋友的通讯录好友也能看见，这也是视频号运营的优势。

### 1.根据运营目标确定视频号的转化方式即确定视频号的运营策略

视频号的转化方式多样，比如广告、带货、打赏、知识付费等。可以根据运营目标选择转化方式，这也是构建视频号运营策略的方法之一。这种方法也适用于其他网络媒介运营策略的制定。网络媒介运营策略的制定就是根据转化方式确定视频号的定位、用户画像、内容制作、用户运营、竞品等。

例如：选择的转化方式是“知识付费”，那有这个需求的用户是什么类型的？用户所需并愿意付费的内容又是什么？用什么方式与用户交流沟通或是售后服务？与竞品相比自己的优势又是什么？这就是由转化方式而来的运营策略，也适用于各类型的网络媒介平台。

## 2.分析竞品寻找差异，再根据运营目标确定视频号定位

分析同类型（标签功能）、排名高的视频号内容（网上公开数据）。分析竞品，需要从多个维度去分析，比如竞品的昵称、头像、标签、简介、关注用户的数量、视频发布量、视频内容的风格以及制作手法、评论等(表4-2)。

表4-2 竞品分析

| 分类 | 分析要素 |
|---|---|
| 昵称 | ■在该领域里，昵称的特色在哪里<br>■昵称体现出来的定位点在哪里<br>…… |
| 头像 | ■头像的风格是什么？例如真实照片、标志、卡通头像、文字…… |
| 标签 | ■有几个标签、分别是什么标签…… |
| 简介 | ■简介的特色在哪里<br>■简介中的需求点是什么<br>■语境是什么<br>…… |
| 用户 | ■关注的用户数量，估算该领域的用户量 |
| | ■从点赞、转发、评论去分析用户属性以及行为、目标用户的需求点等 |
| 视频 | ■视频数量、视频发布时段、视频发布频率…… |
| | ■视频定位，每个视频的共通性以及具体内容是什么…… |
| | ■视频的风格。例如幽默、科普、情感故事、知识、情景剧…… |
| | ■视频的技术。拍摄、剪辑、后期、音乐、音效……<br>根据视频技术的分析，估算视频成本 |
| 评论 | ■依据评论，分析视频号的用户运营策略点。例如视频号是怎样回答用户问题、怎样挑起用户讨论的话题点以及引流用户的方式…… |

### 3.视频号运营技巧

视频号是搭建在微信上的短视频功能，视频号上的内容推送最先触及的用户是微信通讯录中的好友，通讯录好友对该视频播放、点赞、评论、转发等行为就是私域流量。如果通讯录好友对视频点赞，该视频会优先推送给他的好友，既增加了视频的曝光率又可以一层一层地推送出去，这就是视频号所特有的推送机制。可以根据它的推送机制来制定运营策略，同样也适用于其他网络媒介平台运营。

流量：用户量、阅读量、播放量、点赞量、转发量、评论量等都属于流量范畴。

私域流量：网络媒介平台上能够直接触及的用户。

公共流量：网络媒介平台上大家都能吸引的用户。

（1）视频号直播功能

微信的直播可以从“发现”界面直接点击进入，还可以从“视频号”进入直播。在互联网环境下，直播多半是带货或是广告植入，从视频进入直播就是从内容运营进入用户转化过程。这个运营过程在微信上完美衔接，给用户提供了极大的便利，利用好这一功能就可以达到运营目标。

（2）将公共流量转化为私域流量

通过视频号可以直接关注公众号，这样能把公共流量引流到私域流量。但前提是视频要有价值，换个角度讲就是能够满足用户的需求。在引流上，不要局限于微信平台，还可以把视频推送到其他合适的网络媒介平台上，从而引流进视频号里。

## 第六节　企业微信运营

在微信平台上，企业微信的各项功能都很强大、完善，例如私聊、群聊、朋友圈、公众号、服务号、视频号、小程序、支付功能等。企业微信既可以直接触及用户又可以直接转化用户，所以企业微信的运营在微信平台上是最为关键的环节。企业微信上的用户归属企业，员工离职不能带走用户，这点与个人微信不同，企业微信便于企业进行管理和运营，也避免了用户流失。

企业微信运营的工作对象是用户，企业微信的运营工作是根据运营目标围绕用户展开的。企业微信运营是依据后台数据群分用户进行社群运营，也是依据用户不同维度的数据进行精细化运营。

### 1. 用户画像

企业可以在后台设置标签体系，员工可以通过勾选为用户打上标签，标签会在企业微信聊天侧边栏显示，企业微信就可以根据标签进行精确、优质的运营。用户标签可以根据用户后台数据获得，也可以通过企业微信一对一沟通获得，还可以通过企业微信调查问卷的方式获得。有了标签后，就可以根据用户的共性分别进行运营策略的制定，还可以针对具有共性的用户建立群聊等。

### 2. 社群运营

社群运营就是获取用户、活跃用户、留存用户、转化用户的运营活动。企业微信直接触及用户的优势可以让运营活动更有效，让企业服务更人性化。企业微信的支付功能可以让用户转化更便捷。

企业微信可以根据用户共性建立群聊，按照用户的共性有针对性地制定运营策略。在微信群的运营中应注重内容输出的持续性和内容的价值性，除了在微信群中推送内容外，还可以发起活动、挑起话题。企业微信在微信群聊中一定要及时回复用户，主动与用户交流，以此加强与用户之间的情感链接。

企业微信号还可以通过朋友圈推送信息，不限条数。但是无限制地推送信息，会让人反感，甚至被屏蔽，用户就会流失。所以，企业微信号的运营也要有策略。

（1）用户画像

利用问卷调查、一对一访谈等形式去调查和了解用户的属性、行为、喜好。社群运营的本质是用户运营，所以用户的画像是重点，对用户的情况了解得越详细越能更好地去运营。

（2）情感链接

一个长期的社群运营必不可少的是情感链接。情感链接指的是情感享受、情感认同和情感归属，通过这种情感体验让社群用户认可、信任这个社群，运营者才能达到运营目标。运营者可以在群里引导用户讨论感兴趣的、关注的话题，还可以通过凝聚力引导用户分享一种生活方式、态度、物品、技能、课程等，也可以共同完成某个目标，比如打卡跑步完成减肥目标。运营者在这个过程中可以设置奖金、打折优惠、抽奖等激励机制，促使用户参与，在参与过程中建立情感链接。群主还可以组织线下见面，通过线下见面拉近用户之间的关系，增加用户的黏性，这也是建立情感链接的一种手段。

（3）价值链接

社群运营有了情感链接还是不够，特别是用户较多的社群，这个时候价值链接的重要性就体现出来了。

价值链接指的是提供用户需要的东西。用户需要的是什么，这就是用户画像能够提供的。在社群运营中，运营者向用户输出价值，用户才会认可这个社群，社群运营才能长久。

（4）社群的组织结构

社群的组织结构分为以下四种：

群主：即建群的运营者。在建群初期，群内用户互相不是很熟悉，这个时候群主就需要活跃群内氛围，比如按照用户画像定期抛出用户感兴趣的话题或是输出价值内容等，将群主与用户或群内用户之间的关系建立起来并形成情感链接。

解答问题的人：这一类型的用户不需要太多，但是一个群里必须有几个。他们喜欢回答用户的问题，提出意见或解决方式。这一类型的用户在群里通过解决问题获得成就感或者更多有价值的资源，例如群主的价值输出，群中的用户资源、人脉资源等。

提问的人：提问的人是活跃社群的重要构成部分。这一类型的用户喜欢在群中提出问题并渴望得到回答，在问答过程中促进了社群的活跃。这类用户在社群中能够获取答案本身就是一种情感的链接。

沉默的大多数人：这一类型的用户一般在社群中占大多数，他们不说话但是会沉默地在社群里看别人聊天，然后从别人的聊天中获取自己需要的东西。

### 3. 企业微信用户引流

在其他合适的网络媒介平台上推送内容或发帖、回帖，并留下加群二维码。通过精彩内容或观念吸引用户扫描二维码加好友，得到精准的用户。比如，以在百度贴吧发帖或回帖，回答百度知道上的问题等方式，吸引感兴趣的用户。

企业微信还可以通过在线上发起活动吸引用户。比如促销活动、赢取奖品、转发集赞有礼等。这类活动中，有的时候为了更好地回馈老用户，可以分级对待新老用户，让老用户的实惠更多，这种手段既能增加老用户的忠诚度，又能刺激新用户的加入。企业微信也可以通过线下活动吸引用户。比如在人流量大的地方进行一些宣传活动，把二维码打印出来，方便用户扫描；或者在线下实体店以优惠或奖品的形式对用户进行引流。

# 第五章　网络媒介平台的内容及运营

## 第一节　网络媒介平台内容

### 1.网络媒介平台的内容创意

人的意识是先入为主，所以内容创意要抢先占领用户的心理位置。如果一个内容的创意能够引起用户的注意，促使用户点赞、评论、转发，那么这个内容在网络媒介运营中就是好的内容。一个好的内容不可能在时间上持续很久，所以内容创意可以采用多种形式，进行分时段推送。一个好的创意，相应地有文案、图片、视频、音频、H5、活动等内容，从运营的策略上讲，这些内容不可能在同一时间推送，应该分为预热、开始、结束三个时段，根据策划，每个时段推送内容的数量也应该有一定的规划，能够支撑整个运营过程。所以，内容创意一定要引起消费者的注意，激发消费者的兴趣，使其产生购买欲望并转化为购买行为。

内容创意点是在组织、企业、个人运营目标的基础上思考而来的。

在现代社会，众多的品牌、琳琅满目的商品、创意十足的广告使得行业的竞争越来越激烈，要在这种环境中胜出，创意是必备条件。

下面提供一些创意切入点的参考。注意创意的切入点不是创意点，仅是一些可以得到创意点的角度。

（1）历史

对于组织、企业、商品等主体来说，历史是一个很好的创意切入点。

历史是很多创意的切入点，比如城市的宣传，一开始都以述说历史体现其文化内涵。特别是旅游产业，没有历史的景点只能呈现其自然风光，从创意的角度讲，挖掘的力度就很薄弱(表5-1)。

表5-1　历史切入点

| 分类 | 切入点 |
| --- | --- |
| 组织、企业、个人、产品的名称 | 名称的由来，是否有历史考究？出自哪篇古文？出自什么情感故事？ |
| 组织、企业、个人的理念 | 理念的由来，出自什么励志故事？有什么历史渊源？出自什么人文故事？ |
| 组织、企业、个人的发展史 | 在行业中有什么影响地位？这个行业的起源是什么？发展史是什么？发生过什么有影响的事件？对社会做过什么贡献？ |
| 所在地区的历史文化人物 | 与其相关的历史人物有哪些？与其相关的文化事迹有哪些？ |
| 所在地区的风俗习惯 | 与其相关的风俗习惯有什么？有什么相关的神话故事？ |
| 产品的原材料 | 原材料产自什么地方？有何特殊性？原材料有什么历史、神话故事？有什么历史人物使用、制作过这个材料？ |
| 产品的工艺流程 | 工艺流程有什么特殊的地方？制作工艺有什么高难度的地方？制作工艺与所在地域有什么联系？ |
| 产品的发源 | 产品起源的时间是多久？产品起源的故事是什么？产品的起源有什么机缘巧合？ |
| 行业历史或名人 | 这个行业的创始人是谁？领先人物是谁？ |
| …… | …… |

（2）故事

通过故事展现品牌比平铺直叙更好，更能让用户喜欢，并且能增加其文化内涵(表5-2)。

表5-2 故事切入点

| 分类 | 切入点 |
| --- | --- |
| 品牌故事 | 品牌故事即品牌人格化，承担起向用户传递品牌精神的作用。如果品牌没有历史，可以根据品牌传达的理念编一个小故事 |
| 创业故事 | 根据创始人创业的经历，以创业的过程、对这个行业的热爱、想改变什么、创造什么等作为题材写作 |
| 行业发展故事 | 从行业的历史、发展、创始人、特殊事件等角度讲述故事 |
| 情感故事 | 可以是情怀、爱情、友情、兄弟情、父母情、师生情、同学情、人与动植物的情感 |
| 产品故事 | 以产品为故事的主角，赋予它人格 |
| 别人的故事 | 通过讲述一些看似无关的故事巧妙地将信息植入，让人在没有觉察的情况下吸收 |
| …… | …… |

（3）蹭热度

通过紧跟一些节日、重大事件、活动等热点（表5-3），提升关注度，吸引眼球，增强运营效果。根据热点对象的特点做出策划方案，挑选合适的网络媒介平台推送信息，高调举办活动或在公开场合发表相关言论。蹭热度有不可控制的风险，蹭热度本身就是借力和打力的行为，所以存在被借力的可能，也存在不可预测的牵涉性风险。蹭热度有很多要注意的问题：新闻事件受国家各项规定限制，在实际操作中要谨慎，一定要符合国家各项法律法规；版权，涉及各项版权、名誉、形象的限制，在操作中应该考虑各个环节和细节。

表5-3　热点切入点

| 分类 | 切入点 |
| --- | --- |
| 节日 | 中国的节日、西方的节日以及节气、四季等 |
| 重大事件 | 正能量的重大事件 |
| 活动 | 正能量的活动，比如运动会、公益活动等 |
| 公众人物 | 与之相关联的、有正面影响力的人物 |
| …… | …… |

（4）数据

在互联网大数据环境下，人们通常习惯以数据来判断(表5-4)。

表5-4　数据切入点

| 分类 | 切入点 |
| --- | --- |
| 组织、企业、产品 | 创建于什么时间、手艺传承了几代等 |
| 产品 | 生产日期、制作时间、销售数量等 |
| 数据 | 使用专业数据对产品的各个维度进行描述 |
| …… | …… |

（5）情感

从用户角度去制作能够引起情感共鸣的、触及内心的内容。从用户的情感需求出发，唤起用户的某种情结从而达到运营效果（表5-5）。

表5-5　情感切入点

| 分类 | 切入点 |
| --- | --- |
| 爱情 | 利用象征爱情的一切事物、人物、故事、节日等 |
| 亲情 | 父母、兄弟姐妹等 |
| 友情 | 朋友、同学、同事等 |
| 同情 | 情感上的同情、事迹的同情、环境反差的同情等 |
| 情怀 | 人、事物、地域、季节、天气等 |
| …… | …… |

（6）活动

活动是吸引用户的一种常见手段，也是快速吸引粉丝的一种方式（表5-6）。

表5-6　活动切入点

| 分类 | 切入点 |
| --- | --- |
| 公益活动 | 利用公益发起活动达到运营效果 |
| 奖励性活动 | 利用奖品、奖金引起用户关注和参与 |
| 打折活动 | 最直接的运营手段 |
| 话题 | 抛出一个话题，让用户参与进来讨论，借其热度进行运营 |
| …… | …… |

## 2. 网络媒介平台的内容制作

什么是网络媒介平台上好的内容？“流量爆款”是“好”内容，点击率高的、转发量大的是“好”内容。这是互联网环境下对内容的评价。反过来理解，点击率高的、转发量大的内容不一定是有创意、制作精美的内容，但一定是用户需要的内容。所以“好”的内容是符合用户喜好的内容。

“好”的内容还有一个关键的特征是“网感”。“网感”的解释是：符合当下主流受众群体的心理需求，能够引起情感共鸣的、触及内心需求的。“网感”也是对网络的一种感觉，对网络内容的敏感度。“网感”的形成来源于表达方式，内容的制作跟随数据导向。比如：不管内容的属性是人还是物，都可以将内容的整体包装人格化，推出一个主持人，即所谓的体验者。团队推出的这个人格化的形象，可以以亲民的表达方式得到用户的认可，还可以尝试一些新的表达方式。平时还可以通过对一些热点新闻或者转发量大、点击率高的网络内容进行关注，慢慢积累并增强对网络发展趋势的把控能力。

内容制作还需具备一定的策划与写作、新媒体技术制作能力。策划能力，是利用对目标用户的分析得出数据，从用户的角度进行运营内容的策划。内容策划是解决做什么，怎样做的问题，是从在哪个平台上做、什么时候做、要达到什么效果这几个方面来考虑的。网络媒介的重要特征之一是信息双向化，信息的传递是主体传达给用户，用户选择信息，以点赞、评论、转发的形式集聚成网络舆论。正面的网络舆论能够提升组织、企业、个人的影响力和消费者对其的忠诚度以及媒体的关注度。所以说，在网络媒介上，一段文字、一张图片、一段视频、一段音频等内容加上有效的推广就可以引起关注，得到用户的认可。

（1）内容策划

内容策划指的是为了达到某个运营目标或某种运营效果对某个组织、企业、商品、活动等进行一系列计划。内容策划以用户数据为基础，根据用户属性确定内容的制作、推广以及活动举办的策划。内容策划本质上是指导运营战略的思想，它包含目标、解决方案（竞品分析，渠道、推广策略、时间节点）、执行等方面。

①确定内容目标

内容目标即组织、企业、个人的运营目标。有了目标我们才知道接下来该做什么，做什么样的内容，做什么形式的内容，做什么形式的活动，选择哪些媒介平台，做什么样的运营计划。

深入研究目标内容的主要诉求点。主要诉求点就是用户认可、购买的理由，这也是组织、企业、个人运营的根本。

深入研究目标的宣传点。宣传点是在诉求点上的延伸，你卖的是什么，用户为什么会认可、购买，都是宣传点所担负的责任。

②数据运营

数据是支撑策划的基础。用户喜欢什么，策划就按照这个做。要知道用户的喜好，那就用数据说话。数据运营是为了精准营销，现代营销学之父科特勒说过，“在精确定位的基础上，依托现代信息技术手段建立个性化的顾客沟通服务体系，实现企业可度量的低成本扩张之路”。简单来说，就是在合适的时间、地点将合适的产品以合适的方式提供给合适的人，使得用户合适的需求得到满足。

③竞品分析

从竞争对手或市场相关产品中，圈定一些需要考察的角度，得出真实的情况。此时，不需要加入任何个人的判断，应该用事实说话。竞品分析是为了找准市场的切入点，了解对手并发现潜在竞争对手。选取竞品的可取之处，改进自己。根据具体情况，进行竞品分析。

④搭建网络媒介平台

根据自身的实力，选择运营的模式，确定运营的网络媒介平台。利用网络媒介平台不同的属性与应用提供优质的内容，以增加用户黏性。

⑤内容策划手册

内容策划可以参考表5-7。

表5-7　内容策划(参考)

| 分类 | 策划要素 | |
|---|---|---|
| 内容策划目标 | ■品牌目标 | |
| | ■利润目标 | |
| | ■线上热点目标 | |
| | ■综合目标 | |
| | …… | |
| 数据运营 | ■分析用户属性 | 性别、年龄、职业、地域、爱好等 |
| | ■分析网络媒介 | 访问来源、广告来源、搜索词等 |
| | ■设备属性 | 设备、设备型号、屏幕大小、浏览器类型等 |
| | ■行为属性 | 是否关注、是否转发、是否收藏、是否购买等 |
| | …… | …… |
| 竞品分析 | ■主要竞争对手<br>■潜在竞争对手 | 竞品的诉求点、竞品的内容、竞品的发布平台等 |

续表5-7

| 分类 | 策划要素 |
|---|---|
| 网络媒介 | ■微信 |
| | ■微博 |
| | ■网站 |
| | ■微网 |
| | ■APP |
| | …… |
| 推送时段 | 根据每个网络媒介的用户活跃时段推送 |

⑥网络媒介策划案例

第二界全国中学生财经素养大赛决赛暨媒体报道方案[见附录（一）]。

（2）标题

标题是最醒目、最能吸引用户点击进入、扩大阅读量的关键。为什么要在标题上做文章？因为大多数网络媒介界面中，只显示标题或标题与图片或标题与少量文字内容。好的标题才能体现内容，吸引用户点击，激发用户的好奇心与阅读欲望。

标题文字应该简洁、干净、明确，能引起用户的好奇和喜爱。标题字数不宜过多，因为不同媒介载体的界面显示的字数有一定的限制，如果标题过长，首页界面显示不全，标题就失去了意义。在一些特殊情况下，如果标题必须要很多文字，一般会使用副标题。有些软文，会把广告植入标题。虽然标题文字不多，但如果技巧高超，也是可以实现吸引用户点击阅读的。

①直接把诉求点呈现在标题上。通过这种非常直白的方式，把想要传达的信息在标题上直截了当地告诉用户。

②在标题中通过悬念的设置，吸引用户的注意力。标题中充满悬念，让用户因为

无法看清事物的真相而产生一种怀疑和不理解的心态。

③故事类型的标题。人们大都喜欢听故事，所以，用写故事的思路来拟写，可以更好地引起用户阅读的兴趣。

④新闻式标题。由于具备权威性，这类标题大多用于重大事件的发布。

⑤对比。对比是一种修辞手法，用在题目中，从用户角度去进行商品与商品之间的比较，利用自己的优势去打败对手，可以让用户心甘情愿地为自己消费。

⑥情感。赋予标题情感性的含义，激发用户内在的情感，让用户接受，为之心动。情感的类型很多，有亲情、爱情、友情、人与动物、自然、植物等。

⑦奖赏。这是一种刺激用户的形式，也是一种与用户互动的活动，让用户直接感受到得奖的喜悦。通过打折、满减、抽奖等，直接在标题上说明，吸引用户参与进来。

⑧蹭热度。这种手法运用在标题中可以让标题成为热门式标题。借助当下最热门的事件、话题、明星、新闻、电影等，标题容易被用户使用关键词搜索出来，用户也会因为热度事件而关联性地去点击阅读。

⑨提问式标题。提问是思考的前提，我们每天都在提问，问别人，问自己，提出问题后都迫切需要得到回应，得到答案。如果用户对这个问题感兴趣，一定会点击进去找寻答案，这就是提问式标题的魅力所在。

⑩名言（改名言）式标题。名言指的是很出名的说法或著名的话，又或者是在大众中具备影响力的流行的话。用名言与改名言的区别在于一个是对其肯定，一个是对其否定。两者在标题中的使用会让用户感觉有内涵，如果没有一定的文字功底是不会向名言发起挑战，并去修改大众已经认可的东西的。

⑪夸张式标题。运用放大、缩小的方式将标题与卖点相结合，是基础的夸张形式。

⑫经验式标题。以过来人的身份和权威的口吻来表述。

⑬信息隐藏式标题。这类型的标题巧妙地把广告隐藏在文字中，当用户点击进去或浏览完正文后才发现其用心。

⑭数字式标题。数字代表数据，用数据说话，可以起到吸引用户以及增加用户的信任的作用。

⑮话题式标题。抛出一个话题，让用户感兴趣并愿意参与话题的讨论。

（3）副标题

副标题是对标题的补充说明。当标题不能完整表达想表达的意思时，我们会使用副标题来辅助标题传达准确、完整的诉求点。有些内容中会利用副标题点明主题、概括内容和核心思想等。副标题也可以是品牌词或者广告语。品牌词或广告语作为组织、企业、个人主体已经提炼出的语言，在应用上可以反复使用，加深用户印象。

（4）正文

正文是软文中最主要的构成部分，也是广告植入的常用地方。正文的撰写往往体现的是文字功底，没有限制格式、形式的情况下，文字是吸引人从头到尾地阅读并点赞、收藏、转发，还是看了开头就放弃的重要因素，也是评估文章好坏的一个重要指标。

在网络时代，网感是非常重要的。网感是从用户体验的角度去评价文章，根据目标策略，选择相适应的写作方法写出高质量的软文，才能成为用户感兴趣的内容。软文写作的形式多种多样，一篇文章中常常使用了几种写作技巧，写作技巧受限于作者的世界观、艺术观。所以我们将从文章的角度去分析怎么写。

组织、企业、个人的角度：文章服务于主体，根据主体的运营目标进行内容创意与制作。主体必须有一个核心的价值，这个价值就是你能提供给用户的东西，在文章中应该从主体的角度表现出来，告知用户。

行业角度：根据主体所处行业的情况来撰写文章。通过行业发展前景、现状、特征、规范等角度对主体进行描述。

内容的诉求点：深度挖掘主体的诉求点，找出与竞品之间的区别，提出卖点。

用户需求：首先确定目标用户是什么群体，用户的问题和需求是什么，对于这些一定要有确切的判断。根据用户需求，有针对性地撰写和推送文章。

总的来说，要使文章具备网感，各种写作技巧、修辞都可以用上，但文章的规范性还是必不可少的。第一，必须遵守网络道德标准，遵守网络文明公约，净化网络语言，坚决抵制网络有害信息和低俗之风；第二，避免语法错误、错别字等一些低级错误；第三，避免引起歧义的文字，能不用最好不用，传达意思要准确。软文除了文字，还可以加入图片、音视频，发起活动、投票。文字是抽象的，而图片、音视频是具象的，两者结合可以更好地传达信息，这种形式深受用户的喜爱。活动、投票、测试等属于网络交互属性，可以吸引用户参与，给其留下深刻的印象。

（5）结尾

这里的结尾并不是文章的结束语，而是在文章结束后，根据实际情况预留链接、二维码、关注按键等信息。这类信息方便用户对其进一步深入了解。

（6）内容中的图片

网络媒介平台上的内容图片最好原创，如果转载必须注明出处。图片可以是摄影图片、设计图片、绘画作品等。

使用相机、手机拍摄后利用图像处理软件对摄影作品进行处理（以图像处理软件Photoshop为例）。

Adobe Photoshop软件是Adobe公司开发的图像处理软件，常用于图像像素大小的设置、图片大小的裁剪、图像色彩的调整、图像抠图处理和图像滤镜效果的添加等。

不同的网络媒介平台对上传的图片有不同的尺寸、像素、大小要求，根据要求把拍摄的图片处理后才能上传。

打开Photoshop软件，在菜单栏里选择“文件”—“打开”（图5-1），跳出对话框（图5-2），在对话框里选择需要调整的图片，然后在Photoshop界面中打开。

在菜单栏里选择“图像”—“图像大小”（图5-3），跳出一个对话框（图5-4），在对话框里可以输入数值设置图像的高度、宽度、分辨率，设置完成后，点击“确

图5-1　Photoshop界面

图5-2　Photoshop对话框

图5-3　Photoshop图像

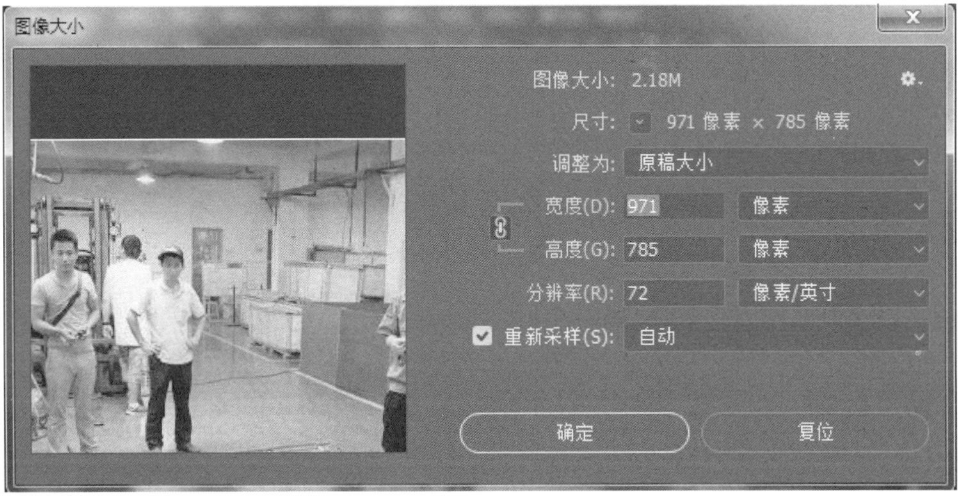


图5-4 Photoshop图像调整框

定”按键。

在菜单栏里选择“文件”—“另存为”，跳出一个对话框（图5-5），在对话框里选择存储的地方，输入文件名字，在最下面的“保存类型”滑栏里可以

图5-5　Photoshop存储对话框

选择JPEG格式。JPEG格式是图片通用格式。如果文件以后需要修改，可以保存为“Photoshop”格式。

如果图片色调需要调整，也可以使用Photoshop为其调色。

打开Photoshop软件，在菜单栏里选择“文件”—“打开”，选中需要调整的图片在Photoshop界面中打开。

在菜单栏里选择“图像”—“调整”，在下拉滑栏中可以看见很多命令（图5-6），每一个命令对应一个对话框，通过修改对话框上的数值，可以对图片进行色

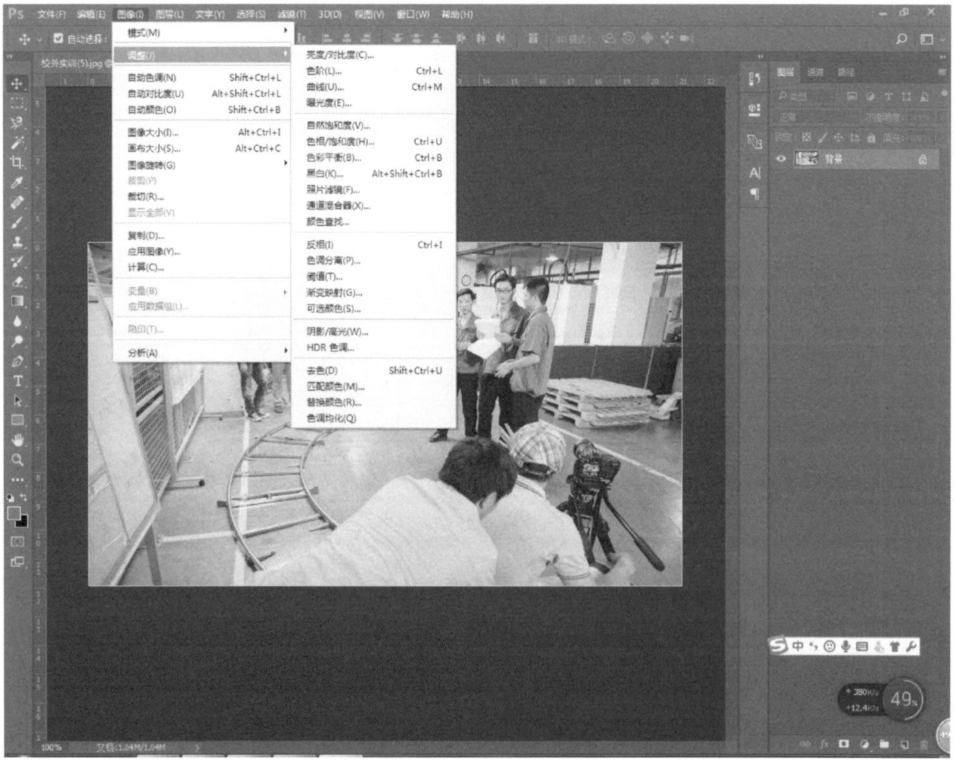


图5-6 Photoshop调色

调调整。

在“调整”菜单栏里，对图像的处理大致分为两类。

①图像明暗处理的命令：亮度/对比度、色阶、曲线、曝光度、阴影/高光。

这些命令能对图像明暗程度进行调整，改变图像的明度对比从而达到所需的色调。

②图像色彩处理的命令：自然饱和度、色相/饱和度、色彩平衡、照片滤镜、通道混合器。

这些命令是对图像的色相、纯度进行调整，通过这些命令的调整，改变图像的色彩。

除了使用Photoshop专业软件对图片进行后期处理，还有很多APP也可以对图片进行基本的裁剪、调色、编辑等。

（7）内容的版式设计

网络媒介平台上的内容一般都是文字和图片。这里的图片不仅包括静止的图片，还包括动态图和视频（视频一般以长方形图片的形状放在内容里面）。所以，在这里我们以基本的版式结构来看待图文排版（图5-7）。

（8）内容的音视频制作

网络媒介平台上的音视频内容最好原创，转载必须注明出处。使用摄像机、相机、手机拍摄，利用视频编辑软件对素材进行剪辑。这里以Premiere Pro软件为例，下面是Premiere Pro的界面（图5-8）和输出设置界面（图5-9）。

除了使用Premiere Pro专业剪辑软件外，还可以下载一些编辑APP。有些视频类的网络媒介平台还开发了相对应的剪辑软件，有电脑专业版本也有移动端APP版本，相对于专业剪辑软件难度有所降低，为视频内容创作者带来极大的便利。

（9）H5

集文字、图片、音视频、游戏、应用为一体的内容。网上有很多在线制作工具，比如iH5，输入www.ih5.cn就可以注册使用，iH5界面如图5-10所示。

有关H5策划案例可见附录（二）。

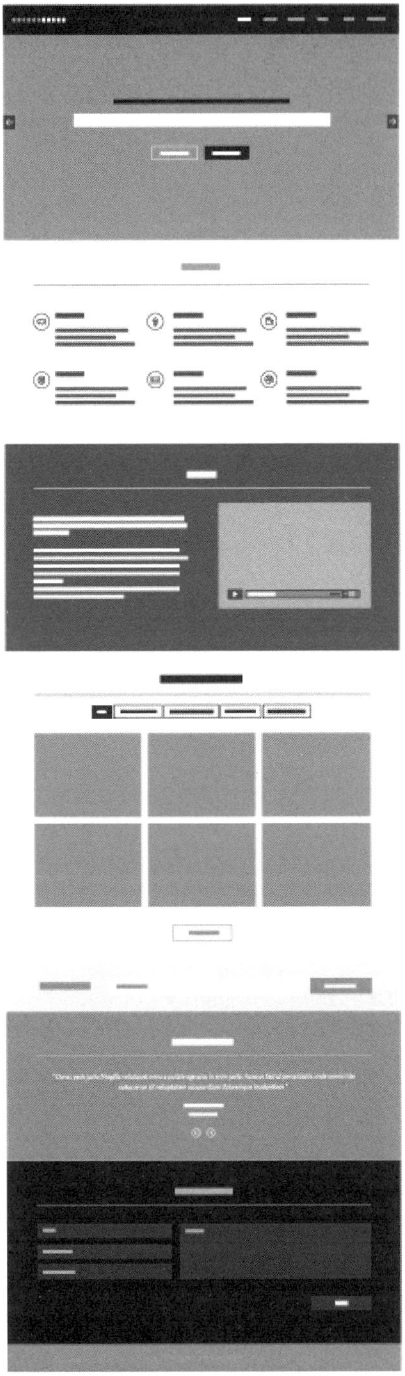

图5-7 图文排版

图5-8　Premiere Pro界面

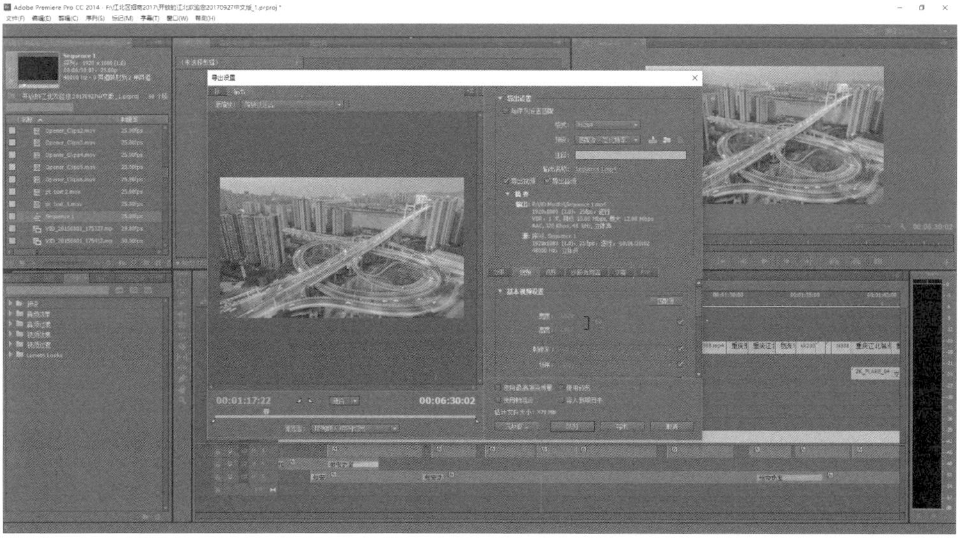


图5-9　Premiere Pro输出设置界面

图5-10 iH5界面

# 第二节 微博平台运营

使用网络媒介平台分析参考表（表2-1）对微博平台进行了全面的了解。微博平台最大的特点是企业、机构、组织、个人等主体可以通过认证微博号进行官方信息的发布。所以，哪怕很多主体运营的主阵营不在微博上，但还是会注册微博号发布定期信息以及一些突发事件的官方声明。所以，微博是主体运营中特别的存在。

## 1. 定位

微博账号可以根据运营目标定位，然后依据定位确定搜索关键词。搜索关键词、微博号是什么级别的V（verified）、点赞量、评论量、收藏量、转发量决定微博里的搜索排名。由此可见，微博运营也可以围绕决定搜索排名的这些维度来进行。

一些主体把微博平台作为官宣、新品发布的媒体平台。这些主体在微博上大多把自己设定成一个有着性格爱好的“人”，其实就是把账号人格化。这种方式能让用户感觉到微博号有着人情和温度，感觉到自己是在与一个“人”交流或交互。这一类型的微博账号运营就会按照这个“人”的性格设定他说话的语气、会做的事，以一个“人”的设定发展下去。

微博也是一个公共的社交平台，其重点是内容。不管是用户所需的内容还是用户喜好的内容，不管是挑起话题的内容还是发起挑战的内容，在社交前都需要内容来抛砖引玉，引起用户点赞、评论、收藏、转发。所以，微博运营也是内容的运营或用户的运营。

## 2. 内容

根据定位和用户画像制作内容，内容的输出一定要持续，最好是原创。根据运营目标做一个内容策划，确定每天或近期的主题和内容，内容包括文字、图片、视频等。策划中还应该包含推送内容频次的计划，更新的频率会影响用户的活跃度。当然，内容一定要优质才能提升用户的黏度以及增加用户针对内容的点赞、转发、收藏、讨论等互动行为。

微博的内容展现形式有博文+图片和视频，所以视觉上的美观是非常重要的。微博文字内容过长，推送后文字会折叠，这个时候必须考虑将重要信息放在不会被折叠的部分。总的来说，内容的质量非常重要。质量不仅要高而且要站在用户的角度去思考和制作。

（1）话题

在发微博的时候点击下面的“#”会出现很多“话题”，可以选择多个“话题”，其实就是为推送的内容打上标签，“话题”是一个词或者一个短句，这也是为了方便用户搜索关键词。但是，选择的“话题”必须与推送的内容相关(图5-11)。

“话题”里面还有一种是“热门话题”，每天微博都有几个“热门话题”，这是大家都在关心、讨论的“话题”。这种“话题”的热度很高，搜索频次也很高，如果内容与“热门话题”相关的话一定要添加这种话题，这就是运营中的“蹭热点”。

还有一种方式是向微博申请一个“话题”，作为“话题”的发起者，让用户通过“话题”引流到你的微博号。

（2）互动

在发微博的时候点击下面的@，可以@微博号（图5-12）。通过这种方式与其他的微博号互评、互赞、互转，可以增加曝光率，还能让更多的用户看见你。也可以查阅热榜，发现热门内容并评论该内容，其他用户会通过评论引流到自己的微博号。

（3）活动策划

活动能活跃用户和吸引用户。活动有很多类型，比如节日、节气、重大活动，或者是产品上市、上新、打折，还有公益活动以及主题日活动等，还可以是线上发起线下参与的活动以及一些挑战类型的活动。

### 3. 数据运营

微博账号的“管理中心”可以直观地看见微博的数据，例如微博号月、周、日的粉丝情况、博文分析、互动分析、相关账号分析（竞品）、文章分析、视频分析和大数据实验室。根据运营目标确定分析目标，然后分析粉丝、博文、竞品等。在此过程中发现自己的问题，学习竞品的优点，优化甚至调整自己的运营策略。

微博平台上还有一个微博指数，对于你选择的话题或关键词，可以在微博指数上查阅其热度分析或走向，指导话题或关键词的选择。

图5-11　微博话题

图5-12　微博互动

# 第三节　视频博客运营

视频博客（Vlog）全称为Video blog，也可以称为视频日志。创作者Vlogger通过拍摄视频记录日常生活、旅游、活动或是分享知识、技能等，范围非常广泛。Vlog的特色在于Vlogger大多选用第一视角或第一人称来叙述，使用具有Vlog特色的运镜、转场、特效来创作视频。

## 1. Vlog运营的方式

（1）植入：视频博客（Vlog）的特点在于呈现的内容真实，大多数创作者真实地向用户分享自己生活的点滴。这种形式的分享，可以拉近视频博客创作者与用户的距离，增强黏度。拥有大量用户的创作者在视频中植入软广告即是视频博客的运营方式之一。注意软广告的植入一定要与视频内容相契合，不要破坏视频内容的真实性，引起用户的反感，破坏视频真实性的初衷。

（2）分享：拥有大量用户的创作者，在用户中具有影响力。运营时利用创作者的影响力对运营的品牌、产品进行肯定，能引起用户的共鸣，即用户的肯定，以便进入下一个运营环节。

（3）测评：创作者按照自己的方式通过对比手法对同类产品进行真实的测评，通过产品测评放大产品性能，赢得用户认可。

（4）活动：创作者参与活动能够用自身影响力推广活动，也能够第一时间接触新品，还能提升其在该领域的影响力。

（5）参与：将品牌精神融入视频中，或是通过创作者参与某事的方式，又或是将自身经历以故事的形式表达出来从而阐述品牌精神。

（6）体验：创作者沉浸式的体验。比如旅游、娱乐这些项目，创作者体验的过程、总结等都是可以向用户分享的。

## 2. 制作Vlog

Vlog视频内容讲究故事性，在较短的时间里通过运镜、转场、剪辑等视频制作手段连贯地、快节奏地、清晰地让用户代入进去。哪怕是平凡的日常生活，细节里也蕴藏着美好。Vlog运营工作中更要注意视频中品牌标识的清晰度，使观众能快速、准确地识别品牌。所以，Vlog的制作需要策划(表5-8)。

表5-8　Vlog制作策划（参考）

<table>
<tr><th>分类</th><th colspan="3">策划要素</th></tr>
<tr><td>定位</td><td colspan="3">■运营目标<br>■用户画像<br>■竞品分析<br>……</td></tr>
<tr><td rowspan="7">制作</td><td>文学剧本写作</td><td>■明确主题<br>■开头的吸引点<br>■视频简介（推送时的文案）<br>■大纲（段落）<br>■按大纲填充内容<br>■总结</td><td>注：对于一些突发事件或无法提前踩点的活动，在无剧本的情况下，预先思考运镜、转场画面，在剪辑的时候使用剧本思路把视频素材以主题的形式贯穿起来</td></tr>
<tr><td rowspan="4">以Vlog思维分镜头</td><td colspan="2">节奏明快，重要内容尽可能地安排在前面</td></tr>
<tr><td colspan="2">确定运镜方式，构思镜头运动方式和拍摄角度</td></tr>
<tr><td colspan="2">确定转场镜头，即前段素材末与后面一段素材开头有联系的部分，或者拍摄固定的衔接镜头</td></tr>
<tr><td colspan="2">……</td></tr>
<tr><td>拍摄</td><td colspan="2" rowspan="3">按分镜头脚本制作</td></tr>
<tr><td>剪辑</td></tr>
<tr><td>后期</td></tr>
<tr><td rowspan="6">推广</td><td colspan="3">保持视频的持续更新</td></tr>
<tr><td colspan="3">在Vlog平台推送，推送时段依据用户画像确定</td></tr>
<tr><td colspan="3">标题、描述文字、文案等</td></tr>
<tr><td colspan="3">在其他平台推送内容并引流用户</td></tr>
<tr><td colspan="3">在评论区回复用户、活跃用户等</td></tr>
<tr><td colspan="3">……</td></tr>
</table>

# 第四节　直播平台运营

直播平台大致分为电商、游戏、娱乐、课程等，然后在此基础之上还可以细分。比如娱乐可以细分为唱歌、跳舞、才艺表演、脱口秀等，但是直播平台运营的重点还是应该放在用户运营上，通过直播吸引用户、活跃用户、留存用户，最后转化用户就构成了直播平台的运营。

下载直播平台，注册登录后开通直播功能。新手需要了解直播平台的各项功能。比如：开启或关闭直播间的语音聊天、邀请观看直播、发起连麦、发红包等功能。熟练使用直播平台上的功能，才能尽可能地避免在直播过程中手忙脚乱。

在直播前，对直播间进行管理设置。设置直播间管理员进行直播管理，可以对观众进行加入黑名单或踢出直播间等操作。在开播前可以设置离线挂榜，设计一些相关的图片在开播前使用。

## 1. 直播平台策划

（1）用户画像

除了用户的基本属性外，还偏重于用户对视频的喜好，比如喜欢长视频还是短视频？直播的人数比例是多少？观看的频率如何？观看的时间段是多久？偏好的内容是哪一类型？内容的广泛度和垂直度如何？用户转化的频次如何？用户的一次消费金额是多少？用户的重复购买率是多少？用户消费的情景是什么样的，时间是多久？分析这些用户数据并提炼出标签能够指导直播运营。

（2）平台数据分析

平台数据可以在网上公开数据中查阅，还可以在直播平台的后台数据中查阅。首先分析全网流量的趋势，重点分析观看直播人数、直播场次、开播主播数等数据。例如：观看直播人数增加，直播场次和开播主播数增加，那么场均观看人数也会增加，推荐流量也会增加。然后分析频道流量趋势，重点分析该频道直播场次和开播主播数量。接着分析标签流量数据，该数据可以指导直播内容的调整或是优化标签，从而获得更多流量。最后分析排名较高的竞品，从封面、标签、时段、内容等维度分析，优化自己的内容。

（3）直播内容形式

不同直播平台所呈现的内容形式不同，但都是由平台发展方向和特色、用户画像、内容分发等因素决定的，所以内容的策划是至关重要的。策划必须是长久的、阶段性的，根据阶段运营目标设置不同的主题，保持内容的多元化。直播形式也需要多元化，不拘于室内直播间，户外直播、直播连麦等形式都能带给用户不同的直播体验(表5-9)。

表5-9 直播内容策划（参考）

<table>
<tr><th>分类</th><th colspan="2">策划要素</th></tr>
<tr><td>定位</td><td colspan="2">■运营目标<br>■用户画像（指导直播风格、直播时间段等）<br>■竞品分析（扬长避短）<br>■确定主题（主题指导产品方案、运营方案等）<br>■直播方案（可以按照用户运营中的吸引用户、活跃用户、留存用户、转化用户执行）<br>■直播时段和时长<br>……</td></tr>
<tr><td>用户画像</td><td>■用户的基本属性<br>■用户观看直播的习惯<br>■用户消费的情景、习惯<br>■用户喜好和所需<br>……</td><td>用户标签</td></tr>
<tr><td>主题</td><td>■依据运营目标确定主题<br>■节日、主题日等<br>■新品发布、打折优惠等<br>……</td><td>直播是以完成交易为目的的，一种是电商卖货形式，另一种是视觉欣赏形式（游戏直播、才艺表现等），还有一种是以知识技巧传授分享或课程形式</td></tr>
</table>

续表5-9

| 分类 | 策划要素 |
| --- | --- |
| 噱头 | ■打折优惠、优惠券<br>■分享有奖<br>■活动环节、抽奖环节<br>…… |
| 直播前 | ■宣传内容：海报、视频、活动文案（主题、时间、直播平台、内容大纲）等<br>■宣传渠道：线上线下<br>■宣传时间和时段<br>■调试设备<br>■布置直播间<br>■直播预算<br>…… |
| 直播中 | ■设置直播环节<br>■设置直播常规话语<br>■发送直播链接<br>■设置直播互动环节<br>■直播人员配置<br>■后台数据监控<br>…… |
| 直播后 | ■直播数据的分析<br>■直播数据可视化<br>…… |

## 2. 直播平台运营

（1）主播定位

不同的主播有不同的定位，主播的形象、谈吐必须符合运营目标和用户喜好，符合直播平台发展。必须考虑主播进行长期直播的稳定性和状态保持的良好性，这样才能让直播持续发展。

（2）吸引用户

直播前可以通过网络媒介平台多渠道地为直播进行推广和预热。直播推广的宣传品形式多样，比如海报、H5、文案、图文、视频、音频等，直播推广还可以考虑线下宣传，比如海报、活动宣传等。但是宣传品一定要具备主题、直播时间、直播平台等要素。

（3）活跃用户

直播中要按照提前策划好的环节进行，根据时间或环节把控直播节奏。在直播开始时使用开场语（可以是固定的开场语，并让其成为独特的风格）和用户打招呼，回答用户的问题，在固定环节里穿插互动环节，活跃直播间的气氛，提升用户的活跃度。用户的活跃度决定了用户在直播间的停留时间以及转化率，所以，用户在直播中停留的时长是需要收集的重要数据。

① 直播logo：根据直播定位设计logo。在直播过程中可以作为背景使用，也可以用在直播中出现的一些物件上，比如在话题上使用logo，或者在直播时喝水的杯子上使用等。logo的使用是为了打造直播品牌，让直播具备辨识度，提高用户的信任度，促进品牌化。

② 直播特效：在直播的过程中，屏幕会显示各种各样的特效按键，直播者可以根据需要在直播的过程中加入适当的特效以活跃气氛。

③ 贴纸功能：直播中会有“贴纸”功能，在直播过程中可以使用。如果直播间的贴纸不能满足需求，可以使用“自定义”制作所需贴纸。在直播的过程中，需要着重说明的地方可以使用贴纸功能来提示，或者不方便观看的地方可以使用贴纸功能将它遮住。所以说用到贴纸的地方是很多的，不同的地方使用不同的贴纸，原则上来说，按直播者的需求使用就好。

（4）留存用户

制定召回策略，通过能触及用户的平台渠道向用户发送有针对性的宣传内容。

（5）转化用户

整理直播转化形式，比如导购模式、打赏模式、内容付费模式、承接广告模式、游戏付费模式、企业宣传模式等，可以根据转化形式制定策略，在直播中实施，促使用户转化。

（6）整理分析数据

直播中、直播后整理分析数据并将其可视化，为下期直播提供数据参考。

## 第五节　短视频平台运营

随着互联网的发展，短视频借助其碎片化属性和丰富的内容使得用户规模逐年增加。不同短视频平台的运营是有差异的，依据网络媒介平台分析参考表（表2-1）对短视频平台进行多维度分析，然后根据平台特色进行运营。运营的方式也可以参考前面的转化方式或用户的吸引、活跃、留存、转化方式运营，还可以按照工作流程运营，这些方式都可以按照短视频平台的特色灵活选择。

短视频其中一个属性是丰富的内容。所以，短视频平台的重点工作除了运营就是短视频的制作，好的内容加合适的运营就构建成了短视频平台运营，所以两者的关系是相辅相成的。

### 1.短视频制作

（1）主题

根据运营目标确定主题，确定主题其实就是定位。主题可以是一个大主题，下面分若干小主题，也可以是阶段性的，由一个个主题阶段性地去完成运营目标。

确定主题也是确定运营范围，确定了运营范围才能在该领域更好地深入发展，这就是运营的垂直度特征，也是细分市场和用户，是为了更精准地运营。所以，细分范围的短视频更容易被推送到具有相同标签的用户手中，后续运营的工作也能更好地展开。

（2）大纲

根据主题拟定大纲。首先考虑如何表述这个主题，然后考虑怎样设置情节或冲突。一般短视频的特征是利用开场冲突抓住用户的眼球，才能使用户继续观看下去，完成视频的完播率。大纲可以把控视频的节奏，大部分短视频的节奏属于比较快的，快节奏适合当下用户的生活节拍，适合在短时间里把想要叙述的内容完整呈现，还可以促使用户重复播放，增加播放量。

（3）剧本

根据大纲填充细节形成剧本或解说词等。在大纲的框架结构下，利用细节吸引用户，将用户的情绪调动起来，使之产生代入感。在主题确定的情况下，设定剧本的立意，即用什么样的语境去表现主题、怎样表达主题才能打动用户等。

（4）分镜头脚本

分镜头脚本可以指导整个视频的拍摄、剪辑和后期制作。一个好的分镜头脚本注重的是如何使用镜头表现场景，如何让场景与场景之间的连接具备流畅性。分镜头脚本还可以规划出视频制作的成本和时间，协调工作人员的工作任务。

分镜头脚本是将剧本转化为画面使其以影视语言的形式呈现出来的重要工具，分镜头脚本的形式多种多样，有漫画、摄影、纯文字分镜头等，这里以纯文字分镜头脚本作参考(表5-10)。

表5-10 分镜头脚本

<table>
<tr><td colspan="12">________分镜头脚本</td></tr>
<tr><td colspan="2">拍摄地点</td><td colspan="6"></td><td colspan="4">第___场 - 第___幕</td></tr>
<tr><td rowspan="2">镜号</td><td rowspan="2">时长</td><td rowspan="2">画面内容</td><td rowspan="2">镜头运动</td><td rowspan="2">景别</td><td colspan="3">拍摄方法</td><td colspan="3">声音</td><td rowspan="2">备注</td></tr>
<tr><td>拍摄角度</td><td>构图方式</td><td>用光及方向</td><td>对白和旁白</td><td>音乐</td><td>音效</td></tr>
<tr><td></td><td></td><td></td><td></td><td></td><td></td><td></td><td></td><td></td><td></td><td></td><td></td></tr>
<tr><td></td><td></td><td></td><td></td><td></td><td></td><td></td><td></td><td></td><td></td><td></td><td></td></tr>
<tr><td></td><td></td><td></td><td></td><td></td><td></td><td></td><td></td><td></td><td></td><td></td><td></td></tr>
</table>

（5）拍摄

以分镜头脚本为标准拍摄。注意不同的短视频平台的短视频拍摄风格不同，通过研究竞品的视频风格，分析该领域的视频内容拍摄特征，扬长避短，确定自己的拍摄风格。

（6）后期制作

以分镜头脚本为标准进行后期制作。除了使用专业的剪辑和后期软件外，一些难度不大的视频还可以使用其他剪辑或后期制作的APP完成。

## 2. 短视频运营

（1）账号

根据运营目标设置好个人资料，包括头像、昵称、个人介绍、背景图等。

（2）用户画像

对短视频平台上的用户进行画像（可以在网上公开数据中查询），通过用户画像分析这个短视频平台上的目标用户有多少，用户喜欢哪些内容，上网的时段以及行为。

（3）竞品分析

借助短视频平台上的热榜寻找对标的竞品，从竞品的用户量、视频数量、发布时段和频率、完播率、点赞、评论、转发、运营等维度分析其优势和缺点。

（4）现有资源整理与账号数据分析

依据现有资源整理参考表（表1-2）对账号的现有资源进行整理分析。对账号的现有用户进行用户画像，依据运营目标设置分析目标，再从中获取所需的数据，例如用户标签、属性、活跃度等；对现有账号的视频内容进行数据分析，例如内容标签、关键词、爆款视频、视频标题等。

（5）短视频推广

在网络媒介平台上多渠道多形式地推广。比如以图+文案或视频+文案的形式多渠道推送，尽可能多地触及用户并引流到短视频平台上。还有一种形式就是在短视频平台上付费推广。

（6）账号管理

设置自动回复的内容，优化用户体验，在回复内容里设置“关键词回复”，引导用户更进一步地互动或解决用户问题。在回复内容里设置跳转链接，可以引流用户或转化用户，还可以利用好底部菜单栏设置，方便用户进一步在账号中操作。

（7）数据监控

短视频推送后，实时监控视频数据，整理分析数据，为下期短视频的制作运营提供依据。

## 第六节　问答平台运营

问答平台，顾名思义就是“问”与“答”。在问答平台上将运营点通过问题抛出，也是广告植入的一种形式。在问答平台上回答与自己运营领域相关的问题，巧妙地将用户引流或转化也是问答平台运营的技巧。

### 1. 问题与回答

在问答平台上，用户大多是通过搜索关键词寻找问题，所以问题的设计要围绕运营目标来设置。关键词的设置要遵循用户搜索关键词的习惯，这里就要根据用户画像数据所提供的依据来设置了。问题的表述方式可以有很多种，应当尽可能地侧重于用户的思维方式。

回答问题的角度尽量客观，减少运营的痕迹。从用户需要的角度去回答，真诚地帮助用户解决问题，这样才能得到用户的信任，运营工作才能有效展开。

### 2. 问答平台运营的几个方面

（1）问答平台运营策划

在不同问答平台的不同领域里面，定位不同的账号进行“问”与“答”，其实就是所谓的人物设定。如果账号的人物设定已经确定，就可以依据运营目标按照工作流程制定问答平台的运营策划了。

① 将运营目标拆分成若干问题的关键词，由关键词设置问题。

② 挑选不同问答平台上该领域的热门问题去回答。回答问题一方面是为了增加知名度，另一方面可以引流用户。

（2）问答的制作与推送

问题分为标题、问题和回答问题。

① 标题：标题是围绕运营目标设计的，标题的关键词是推广的核心关键词，也是模拟用户搜索习惯设计的。

② 问题：在问题里进一步地将关键词扩展开，根据账号定位的设定将问题

表述清楚。

③ 回答问题：多平台回答该领域的问题，回答问题要客观、真实地从用户角度出发。

（3）后期维护

通过问答平台打造该领域的专业账号，通过专业的回答赢得用户信任后再引流用户或转化用户。

# 第六章 网络公关

网络公关指的是政府、组织、企业、个人这些主体与互联网中用户沟通的传播关系，又称为网络公共关系或网络媒体公共关系。网络公关是利用互联网技术树立与维护主体形象以及处理爆发性危机。网络公关从互联网用户的角度出发，以新的思维模式、运营策划和网络媒介处理主体与互联网中参与性极强的用户之间的传播关系。所以网络公关的核心理念在于如何在互联网环境下实现主体与用户之间的有效沟通或有效互动，如何在打破了时间与地域限制下的互联网环境中多渠道多方式地进行公关活动。

## 第一节 舆情监控

舆情是“舆论情况”的简称，是指在一定的社会空间内，公众对社会某事件产生的公众意识。公众意识是变化的，针对某事件的发生、发展和变化所产生的不同程度的公众意识就是舆情。简单地说，舆情就是互联网上公众对一些问题、事件的不同看法的网络舆论，这也属于社会舆论范畴，是公众通过互联网发表有较强影响力、带有倾向性的言论和观点。网络公关就是通过对舆情的收集与分析，制定辅助运营的策略，根据舆情数据，对主体进行正面形象的宣传，对主体运营进行调整优化，针对负面舆情进行危机公关处理。所以舆情监控是指收集互联网中用户公众意识的信息，然后分析研究。舆情就是前期数据的收集，公关就是根据这些数据分析做出决策。公关不是结果而是一个发展的过程，在此过程中需要舆情反馈公关的效果、影响等，所以公关是根据舆情进行调整与优化的。

### 1. 舆情的收集

互联网中舆情的收集可以借助网络舆情监测工具。比如新浪舆情通，它的优势在于能第一时间了解新浪微博数据，发现可能爆发的舆情信息，因为大多数突发舆情事件都是从新浪微博发起并传播的，利用该工具能第一时间掌握公众的态度并做出应对。除了新浪舆情通外还有很多网络舆情监测工具，例如百度舆情，百度作为搜索引擎平台，拥有的数据非常庞大，用户利用关键词使用该平台搜索所需信息时，某个关键词被大量使用的情形就是舆情的体现。互联网中的舆情监测工具很多，也分很多类型，每一款产品都有自己的优点与不足之处，选择舆情监测工具的时候，可以按照运营目标和需求来选择适合自己的工具（表6-1）。

表6-1　舆情收集参考表

| 分类 | 描述 |
| --- | --- |
| 舆情网站的收集 | 中国舆情网、人民网舆情、新华舆情网等<br>新闻门户网站<br>社交网络<br>…… |
| 搜索引擎搜索 | 百度、搜狗、360、谷歌等利用关键词搜索信息结果 |
| 网络媒介平台的收集 | 在舆论爆发、扩散的网络媒介平台上设置关键词搜索信息结果<br>网络媒介平台热搜榜的收集<br>贴吧、互动社区、问答平台等热门讨论话题的收集 |
| 专业监测舆情的平台 | 利用专业监测舆情的平台采用大数据监测技术实现全网舆情的自动采集分析 |

### 2. 舆情监控方法及分析

下面介绍一下舆情监控的方法，参见表6-2。

表6-2 舆情监控方法参考

| 分类 | 任务 | 分析要素 |
|---|---|---|
| 全网监控 | 利用监测平台监测舆情信息是否与主体相关 | 分析全网舆情信息在传播过程中的转载量、评论量、周期数与传播平台的数量等数据，评估舆情传播的范围、级别、时间以及对主体的影响程度 |
| 多渠道监控 | 监控舆情的来源，来源于哪一个网络媒介平台，哪一个媒体、网络名人、网红账号等 | 了解舆情的发源与传播渠道，能够第一时间发现舆情并进行干预，以防舆情扩散；分析舆情产生的缘由，掌握舆情产生的第一手信息，及时制定公关策略进行干预和引导，防止网络危机发生；掌握舆情的传播状态，制定舆情干预的发布渠道 |
| 媒体监控 | 媒体新闻站、微信公众号、微博等与主体相关联的行业知名媒体或是排名较高的媒体账号 | 分析媒体的发展变化趋势，做出有效的预测，根据预测决策网络公关 |
| 关键词监控 | 监控主体名称、产品名称等与主体或运营目标相关的关键词 | 分析各个网络媒介平台上的热榜话题、关键词以及滋生话题、关键词 |

舆情不能只停留在监控这个层面上，而要解决问题。只有解决用户提出的问题才能从舆情的监控层面落到实处，这也是用户画像的数据来源。舆情是属于互联网的大数据，是贯穿网络媒介运营与推广全过程的数据支撑，正是这些数据为网络媒介运营与推广的策略制定奠定了基础，从另一个角度讲，这些数据辅助主体确定了运营方向的决策。

## 第二节　网络公关正面形象的树立与危机公关

利用网络媒介平台营造主体的形象。一是树立主体的正面形象；二是危机处理。网络公关主要是对“事”，在遵守法律与社会道德的原则下，以主体的品牌形象为目标进行树立与长期维护，对主体的突发事件迅速做出反应。

### 1. 形象树立与维护

首先，主体对其形象应有一个明确的定位，这个定位包括主体的宗旨、策略、方向、运营方式等内容，要给用户一个明确的、概念化的印象。然后，以定位为前提展开后续的网络公关。

做好网络公关的关键是处理好媒介关系。网络媒介平台众多，根据目标用户选择最能发挥主体运营效果的平台，进行多平台推广。

平台的选择也要考量，平台的定位也是平台选择的重要因素。平台选择的另一个因素是用户，目标用户喜欢的、常用的平台也是可以选择的。

用户的调查也是至关重要的。网络公关的对象是用户，谁是目标用户，谁是潜在用户，这些用户的年龄、性别、收入、文化程度、地域等是需要明确、细化的。

网络公关还有一个重要的工作是监控。互联网上各个平台的任何信息都需要监控，一有情况发生，就需要在最短的时间内做出有效的对应。

这里有一份实践手册可供参考（表6-3）。

表6-3 网络公关实践手册（参考）

| 分类 | 描述 | 要素 |
| --- | --- | --- |
| 目标 | 即运营目标，组织、企业、个人为达到运营效果而定下的网络公关目标。不同的目标决定不同的网络公关策略 | 提高知名度，树立良好形象<br>促进商品销售<br>吸引用户关注<br>…… |
| 网络公关的对象 | 研究目标用户以及潜在用户，并对其属性进行细化 | 性别<br>年龄<br>地域<br>职业<br>爱好<br>…… |
| 内容 | 根据运营目标，结合用户属性制作内容 | 图文<br>视频<br>音频<br>活动<br>投票<br>…… |
| 网络媒介 | 根据运营目标，结合用户属性选择网络媒介以及投放的时段 | 网站/微网<br>微信<br>微博<br>论坛<br>APP<br>…… |
| 舆情以及突发事件的应对 | 建立监测体系，第一时间获得舆情反馈以及做出应对 | 推送的内容<br>媒介平台 |

## 2. 危机公关

在互联网环境里，时效与地域的界限已被打破。危机的爆发无处不在，时间、规模、影响的力度等都无法预知。据网络危机扩散的调查显示，危机信息传播往往比正面信息传播的速度快，影响广，造成的损失在危机结束前无法估计。面对危机，组织、企业、个人要勇于承担责任，不能掩盖事实，逃避责任，应及时与相关部门沟通，进行补救，将危机控制在一定范围内，以诚信来解决问题，化危机为机遇，进而获得用户的谅解，赢得更大的认可度。

危机发生后，应从公众的角度去应对。公众关心的是什么，就要从这个角度去解决，说明事实的真相，主动承担责任，消除公众的疑虑。

处理危机公关时，先要弄清事情的前因后果，找到危机的关键点，并设定可实现的目标。危机出现的最初24小时内是危机处理的黄金时间，在这个时间内，组织、企业、个人需根据实际情况做出第一反应，比如发表声明，出示相关证明材料，或第一时间承认错误，提出补救措施，获得公众的谅解。在黄金24小时内控制住危机，使其不扩大、升级就是危机处理的关键。

舆情的数据收集和分析也是至关重要的。根据可实现目标与舆情数据，选择网络媒介平台，有针对性地进行回应。回应的所有信息必须保持一致性，不能前后矛盾，引发更大的危机。

面对危机不能被动，制定危机事件处理程序非常重要。应预先模拟危机事件类型，并做出相应的处理方案。确定危机事件的主要传播媒介平台，做出相应的应对措施。

危机公关处理参考：

（1）弄清事情的前因后果，找到危机的关键点，并设定可实现目标。

（2）监控信息。内部统一，发出的信息必须保持一致。

（3）遵循危机爆发的24小时黄金处理时间，不管对错，从消费者的角度出发，第一时间发声，坦承错误并勇于承担。

（4）遵循事实，重新树立形象。

# 附录1

## 第二届全国中学生财经素养大赛决赛暨媒体报道方案

### 一、报道背景

2016年7月28—31日，第二届全国中学生财经素养大赛将在西南财经大学拉开序幕。届时，来自全国各地的优秀选手将一决高下。

作为一项面向全国的财经类重要赛事，在市场对财经类人才的需求扩张的时代背景下，如何进一步秀出优秀选手的风采，进一步展示品牌企业主的社会责任感以及突出财经高校的办学特色，如何巩固、强化中学生财经素养大赛的品牌度和美誉度，都是应该考虑的问题。华龙网将围绕此次决赛，充分发挥出内容生产、新媒体特性等突出优势，联手中学生财经素养大赛组委会，致力于发现财经价值的力量。

### 二、报道时间

2016年7月27日—8月3日。

### 三、报道思路

围绕此次赛事，将以现场新闻报道、专题页面报道、新媒体报道等方式，全程参与报道过程，全景展示赛事进程，全力展现赛事影响力。

## 四、报道内容

（1）赛前

常规新闻预热：

### 第二届全国中学生财经素养大赛即将开战<br>全国优秀选手集结西南财大

高清组图：第二届全国中学生财经素养大赛启幕“小鲜肉”轻装上阵（报名当日图文主稿）

（2）赛中

现场新闻：

全国中学生财经素养大赛首日面试：明明可以靠颜值 偏偏要拼才华

现场速写：第二届全国中学生财经素养大赛　18岁萌妹子惊艳全场

他们为何能摘取今年财经素养特等奖　来听听专家评委怎么说（侧重于企业或赞助商）

高清组图：西财校园开放日 选手们直言校园好美（侧重于西财）

重磅！全国中学生财经素养大赛首届获奖选手自招成绩喜人（需要去年数据支撑）

（3）赛后

① 专题页面

围绕此次赛事，制作一期华龙网网络专题赛事回顾网页，聚合照片、文字以及赛事等相关信息，并在教育频道的显著位置显示。

② 专题页面

以“感谢有你——2016年全国中学生财经素养大赛全景回顾”的方式，再次感谢企业、高校和选手的参与，形成移动端传播舆论。

（4）新媒体

① 今日头条、华龙网教育官方微信等新媒体全程参与报道；

② 中国网、央广网、中国青年网[山东（大众网、齐鲁网），四川（四川新闻网），重庆（华龙网），江苏（中国江苏网），河北（长城网、河北新闻网），河南（中原网），贵州（多彩贵州网），浙江（浙江在线），安徽（中安在线），湖北（荆楚网）等区域拟投放媒体名称]等全国及部分重点主流网络媒体转发相关稿件（备注：每家网站一篇转载稿件）。

**【活动价值：一次教育寻根的公益活动】**

教育为国之命脉，而先生又为教育之魂魄。“先生”不惟指教人知识者，更指言传身教以处世立身之道的人。几千年来，民族文化、精神之薪火相传有赖先生。教育盛，虽战乱纷争仍人才辈出、民力丰沛、国体向上；教育衰，纵四海康宁也社会浮躁、未来迷茫、振兴乏力。

巴山苍苍，渝水泱泱，先生之风，山高水长。在巴渝大地上，曾经有过哪些默默耕耘的先生，留下了教育拓荒与办学感召的足迹和背影——

晏阳初致力于乡村平民教育试验，在重庆创办乡村建设学院，一生倡导“识字、生计、文艺、卫生、公民”诸教育以治旧中国的“贫、愚、弱、私”四大痼疾；张伯苓先后在重庆成立南开女中、南开小学以及重庆南开中学，“允公允能”之南开精神从此在抗战陪都生根发芽、薪火相传；陶行知在合川创办育才学校之时，正值国难当头，他办学之目的就在于“培养人才之幼苗，使得有特殊才能者的幼苗不致枯萎，而且能够发展”；黄炎培作为中国职业教育之先驱，在重庆开办中华职业学校，提出“劳工神圣，双手万能”之口号；梁漱溟迁居重庆北碚，先后致力于勉仁中学、勉仁书院、勉仁文学院的建设，这些都为重庆的基础教育乃至高等教育奠定了基石；徐悲鸿围绕艺术教育的人才培养与办学规律，创办了带有学术研究性质的中国美术学院；卢作孚与胞弟卢子英一道，在北碚建立起了新乡村与新城市的试验区，日后北碚成为教育文化重镇，就得益于卢氏兄弟的探索与开垦……他们开风气之先，启民智之初，存师道之风，是我们这座城市的教育之魂、教育之根、教育之镜。

我们为什么要策划这个主题活动？在重庆乃至全国教育大变革的时代背景之下，我们寻访从古至今巴渝教育大家的历史足迹，就是希望还原一面历史的镜子，镜鉴当下教育之反思、经验和成效，让每一位教育工作者不忘教育之初心，更让社会公众理解并感怀这座城市的师道尊严之传承。

为此，在今年九月教师季，我们拟开展“先生之约——全城寻访巴渝教育家的历史足迹”大型文化公益活动，组织全市师生及公众沿着教育家在重庆的历史足迹，重拾师道尊严，寻找巴渝师魂，同时开展随笔征文活动，进行刊登并编辑成书出版发行。另外，我们还将在教师节当天策划推出《先生之约——第三十二个教师节珍藏特辑》主题特刊，本次特刊的主题策划、采访报道、内容文本、视觉设计等，都兼具可读性、新闻性和收藏价值，更将在全社会营造“尊师重教”这一良好社会氛围，推动师道价值的回归和重塑。

### 【组织机构：一次多部门联动的主题宣传】

1.“你最珍贵”“以爱封缄”品牌活动的延续强化。从2014年开始，连续两年，本报均作为市教委“好老师在身边”系列宣传报道的执行媒体，陆续推出了“你最珍贵——万朵玫瑰赠恩师”“以爱封缄——万封书信谢恩师”这两项在全市乃至全国都引起巨大反响的公益品牌活动，今年的活动正是在此基础上的进一步强化和延续。

2.特刊编辑成册，呈送市级有关领导。本次活动报道拟编辑成书，呈送我市四大班子分管领导及市教委有关领导，作为“重庆市师资建设系统工作”的重要成果展现和汇总。

3. 多部门打造首个“巴渝名师智库”。本次报道所采访的教师及团队，将入选由市教科院、市教育评估院、《重庆时报》联合打造的“巴渝名师智库”，更有机会参与一系列培训、讲座、游学等公益活动项目。

4.《先生之约——巴渝师魂的寻根之旅》一书编辑出版。本报将以此活动为契机，联合出版机构，最后出版《先生之约——巴渝师魂的寻根之旅》一书，展现从历史到当下，巴渝大地涌现的教育大师、教育名师。

【活动安排：一次参与广泛的舆论营造】

## （一）前期预热阶段

时间：8月中旬（第一周）

内容：推出“先生之约——寻访巴渝教育家的历史足迹”文化公益活动预热报道，征集从古至今巴渝大地的教育家故事，预计1～2个头条新闻。

## （二）全城征集阶段

时间：8月下旬（第二周）

内容：在前期征集的众多巴渝教育家故事中，最终筛选出10位最具历史代表性和卓越教育贡献的教育家，动员组织全市师生及社会公众，重走师道之路，记录先生足迹，同时将刊发部分优秀的随笔文章，预计1～2个头条新闻。

## （三）特刊发布阶段

时间：9月10日（第三周）

内容：用深度、可读、温暖的故事文本，推出《先生之约——第三十二个教师节珍藏特辑》主题特刊。特刊的主题策划、采访报道、内容文本、视觉设计等，都兼具可读性、新闻性和收藏价值。特刊预计30个全彩整版，独立成册。在教师节当天，引发最大范围的一纸风行、全城瞩目。

## （四）后续报道阶段

时间：9月中下旬（第四、五周）

内容：根据本次活动的亮点、成果及社会反响等，我们将结合学校需求，持续推出报道，形成《先生之约——“九月教师季”主题系列宣传报道》。

**【特刊规划：一本值得珍藏的纪念特辑】**

为确保达到本次特刊的高质量、高水准要求，市教委、《重庆时报》联合组建“2106教师节特别报道工作小组”，市教委有关部门统筹安排采访、审稿把关等事宜，《重庆时报》派出10余名资深文字、摄影记者，奔赴各学校进行深入细致的采访报道，并精心地进行后期的编辑、设计等，最终呈现出一本值得珍藏的教育价值特刊。特刊内容规划如下：

第一部分：“先生之约”之“大师足迹”

从全市征集的众多巴渝教育家中，最终选定10位具有卓越教育贡献的巴渝教育大家，通过生动、感人的文字，记录他们的历史足迹，讲述他们的教育故事，形成具有文化底蕴和教育厚度的历史档案。

第二部分：“先生之约”之“校长感怀”

拟筛选部分具有代表性的学校校长，采访记录校长们对于古今巴渝教育大家的感悟，并配以校长照片，在特刊上予以思想的展示。

第三部分：“先生之约”之“沙坪坝区教育名师”

这是本次特刊最核心、最重要，也最值得珍藏的部分。我们将在沙坪坝区教委的统一安排下，筛选区内部分具有代表性的学校，推出一批优秀教师及团队，围绕“人格魅力教师”“学识魅力教师”“教学魅力教师”“形象魅力教师”等方面进行深入细致的采访，以新闻故事的形式，挖掘生动、鲜活的细节素材，展现每一位教师及团队的教育故事、成长故事，最终展现出教师们所在学校的好思路、好经验、好做法。

1. 沙坪坝区教育名师之“人格魅力教师”：淡泊名利，爱岗敬业；品德高尚，甘于奉献；具有人文关怀精神，富有时代气息；对待学生和同事谦虚坦诚、和蔼宽容；在教育教学工作中积极进取、勇于创新、精益求精。

2. 沙坪坝区教育名师之 “学识魅力教师”：具备精深的学科专业知识、扎实的教育基础知识、丰富的教学实践知识和全面的社科人文知识。

3. 沙坪坝区教育名师之“教学魅力教师”：在教学中遵循学生的身心发展规律，让学生主动参与，主动获取知识，能让学生在探索中享受学习的乐趣。

4. 沙坪坝区教育名师之“形象魅力教师”：体现教学语言的节奏美、机智美、情感美、逻辑美，具有艺术性和感染力，具有较强的沟通能力和亲和力，与学生、家长、同事的关系和谐融洽。

第四部分：“先生之约”之“十年使命”

今年正是《重庆时报·教育周刊》创办10周年的日子，我们通过展示重庆时报教育团队这十年来的重大活动和经典报道，以及团队自述的形式，展现重庆时报教育团队的守望和坚持，更展现重庆教育这十年的发展与变迁足迹。

**【三大亮点：一次全国首创的影响传播】**

1. 首创“寻访巴渝教育家的历史足迹”文化公益活动。此次活动在全国范围内首次独创“寻访教育家的历史足迹”这一文化公益活动，让每一位教育工作者不忘教育之初心，更让社会公众理解并感怀这座城市的师道尊严之传承。

2. 首创“口述实录”展现教育故事。在全市范围内首次推出“口述实录”创意文本，用大气、可读、温暖的特刊形式，推出《先生之约——第三十二个教师节珍藏特辑》主题特刊。特刊的主题策划、采访报道、内容文本、视觉设计等，都兼具可读性、新闻性和收藏价值。特刊预计30个全彩整版，独立成册。

3. 首创“先生之约——巴渝师魂的寻根之旅”编辑成书。本报将以此活动为契机，联合出版机构，最后出版《先生之约——巴渝师魂的寻根之旅》一书，展现从历史到当下，巴渝大地涌现的教育大师、教育名师。

案例来源：重庆华龙网教育频道

# 附录2

H5策划案例：

## 2018年的第一份礼物
## 峰华驾校送您元旦安全出行指南

P1

度过了2017年

2018年的第一个假期终于来啦！

大家准备好出去浪了吗？

在这里

峰华驾校提醒大家

元旦出行请注意安全

按钮：

交通安全指南

出行安全指南

P2

交通安全篇

1. 出发前常规的车辆检查

2. 切勿疲劳驾驶。长途驾驶时，感到困倦的话，一定要停车小歇片刻，千万不要勉强赶路，勿开斗气车。节假日车流量大，礼貌行车，心平气和地驾驶车辆，可以减少意外发生的可能。

3. 保持车距，减速慢行，安全变道。

4. 文明出行，礼让行人与非机动车。

出行安全篇

据重庆市公安公布

12月31日

重庆各商圈将会实行元旦管控措施

出行的小伙伴一起来看看吧！

1. 私家车不准进：2017年12月24日、25日、31日10时至次日凌晨2时，管控区域占道停车位禁止停放车辆，商业配建停车场（库）禁止临停车辆停放。

2. 人、车流量管控：2017年12月31日18时起，减量控制进入渝中区商圈、江北区商圈、南岸区商圈、九龙坡区商圈、沙坪坝区商圈等运营公交车辆和社会车辆数量。20时起，东水门大桥、千厮门大桥进入渝中区方向禁止车辆及人员通过；两路口、一号桥路口、长江大桥北桥头、凯旋路路口、棉花街下口禁止除不载客公交车以外的车辆驶往解放碑方向；江北区、沙坪坝区、南岸区、九龙坡区将根据商圈适时交通流量对进入商圈的机动车辆实施临时控制。

3. 轻轨19时起以下站点不停：2017年12月31日19时起，轨道1号线不停靠渝中区小什字站、较场口站、七星岗站、两路口站，沙坪坝区小龙坎站、沙坪坝站。轨道2号线不停靠渝中区较场口站和临江门站。轨道3号线不停靠渝中区两路口站，江北区华新街站、观音桥站、红旗河沟站。轨道6号线不停靠渝中区小什字站，江北区大剧院站、红旗河沟站，南岸区上新街站。

P3

不管怎样

元旦小长假大家一定要

快快乐乐出行，安安全全回家

峰华驾校在这里

祝大家：元旦快乐，一帆风顺

附录2 H5-1

附录2 H5-2

小小交通志愿者
私家车不准进：
2017年12月31日10时至次日凌晨2时，管控区域占道停车位禁止停放车辆，商业配建停车场（库）禁止临停车辆停放。

附录2 H5-3

### 人、车流量管控：

2017年12月31日18时起，减量控制进入渝中区商圈、江北区商圈、南岸区商圈、九龙坡区商圈、沙坪坝区商圈等运营公交车辆和社会车辆数量。

20时起，东水门大桥、千厮门大桥进入渝中区方向禁止车辆及人员通过；两路口、一号桥路口、长江大桥北桥头、凯旋路路口、棉花街下口禁止除不载客公交车以外的车辆驶往解放碑方向；江北区、沙坪坝区、南岸区、九龙坡区将根据商圈适时交通流量对进入商圈的机动车辆实施临时控制。

附录2　H5-4

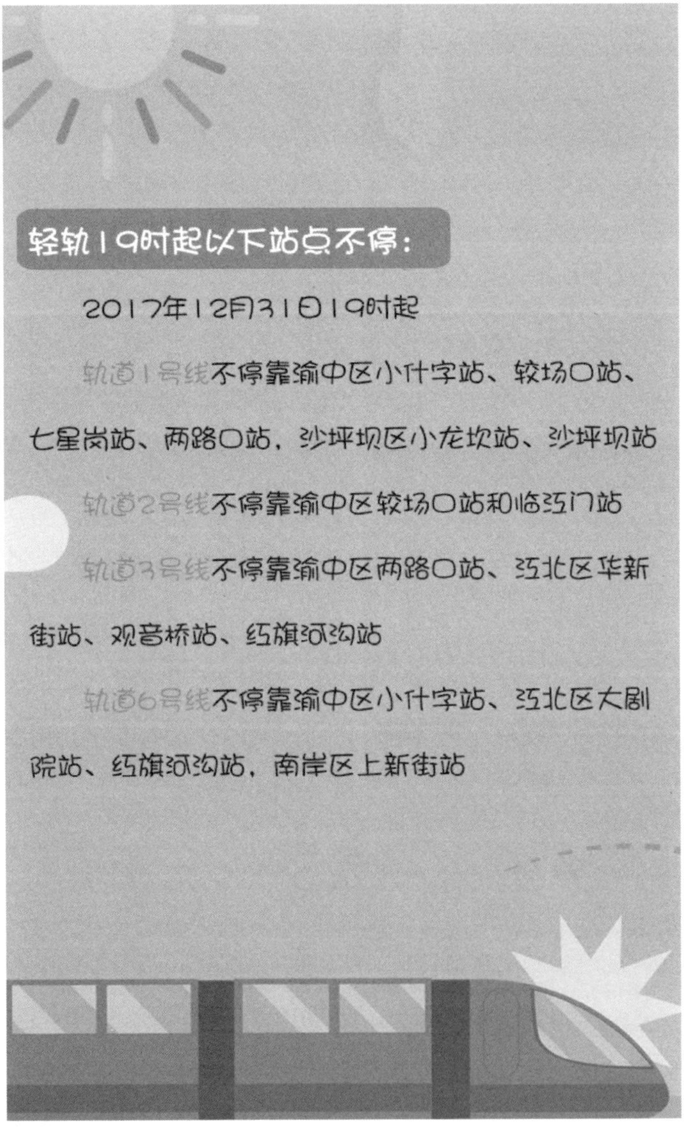


附录2 H5-5

案例来源：重庆华龙网教育频道

# 参 考 文 献

[1]罗昕.网络新闻实务[M].北京：北京大学出版社，2020.

[2]邓炘炘.网络新闻编辑[M].修订本. 北京：中国广播影视出版社，2014.

[3]魏艳.微信公众号深度解析：订阅号+服务号+企业号 三号运营全攻略[M] .北京：化学工业出版社. 2017.

[4]许燕.网络时代的企业媒介关系处理方略[M].北京：北京理工大学出版社.2009.

[5]吴伟刚，姚金刚，周振兴.网站运营直通车——网络整合营销[M]. 北京：清华大学出版社.2014.

[6]王佩秋.网络新闻在公共管理中的作用及影响分析[J]. 新闻传播.2017(11)：85-86.

[7]赵雯. 网络公共事件的传播管理与话语创新[J].今传媒. 2017(05)：28-29.